초등 표현력 수업

아이의 공부머리·자존감·대인관계를 한 번에 해결하는

초등
표현력 수업

김범준 지음

매일경제신문사

표현력은
세상 밖으로 나가는 힘입니다

우리 아이들이 왜 표현력을 배워야 할까요? 사람의 생각은 표현을 통해 비로소 세상 밖으로 나오게 됩니다. 표현 능력의 풍부함이 곧 사고능력의 풍부함으로 세상 사람들에게 받아들여지는 이유입니다. 다양한 어휘를 사용하지 못하는 사람은 그만큼 사고나 표현의 구체성과 세심함을 잃어버리고, 결국 투박한 사고와 모자란 창의력으로만 살 가능성이 생기는 겁니다.

미래 핵심 역량인 문해력을 키워야 한다는 말을 많이 들어보셨을 겁니다. 사실 문해력과 표현력은 공부의 쌍두마차임에도 불구하고 워낙 우리나라 교육이 인풋에만 치중되다 보니 정작 중요한 아웃풋, 표현력에 대해선 좀 간과하는 것 같아서 늘 아쉬웠습니다. 실제로 외국어 공부만 해도, 우리나라 사람들이 읽기는 잘하는데 듣고 말하기에는 어색한 것처럼요.

하지만 이미 미국과 유럽처럼 토론과 프레젠테이션을 강조하는 모습이 우리나라에서도 확산하고 있습니다. 이는 표현력이 향후 우리 아이들의 인생에 있어 중요하게 될 수밖에 없음을 미리 알려주는 듯합니다. 우리나라도 결국 점차 표현력을 중요시하는 분위기가, 아니 표현력이 필요한 분야가 곧 생겨날 겁니다. 많은 교육 전문가들도 이미 표현력의 중요성을 강조하고 있으니까요.

우리 부모님들이 먼저 사랑스러운 자녀가 표현력을 키울 수 있도록 관심을 두고 또 필요하면 조력자로서 역할을 함께하시면 좋겠습니다. 표현력은 그저 나의 언어를 상대방의 언어로 전달하는 힘에 그치는 것이 아니고 표현되기 이전에 존재했을 생각의 덩어리를 정리하여 어떻게 전달할까를 고민할 때 완성되는 어려운 과정이니까요.

자신의 인생을 사랑하는, 자신의 시간을 사랑하는, 자신의 공간을 사랑하는… 한마디로 자기 자신을 사랑하는 사람의 언어에는 언제나 힘이 있기 마련입니다. 하지만 그 반대가 될 수도 있습니다. 자신의 표현을 잘 설계하면 자신의 인생, 즉 자신의 시간과 공간이 저절로 가치 있게 될 수도 있다는 것입니다. 따라서 표현력이란 일종의 생활에 필요한 실용적 기술일 수밖에 없습니다.

알고 있는 걸 말로 표현하지 못하면 제대로 알고 있는 게 아니라는 말이 있습니다. 이처럼 요즘 교육이 점차 객관식 시험에서 논술식으로 바뀌고 있고 말할 수 있는 능력을 중시하기도 하며, 대다수 연구 논문들도 자신의 주장을 논리적으로 처음부터 끝까지 일관되게 개진할 수 있는지가 관건이라고 합니다.

지식의 소유, 즉 자기의 생각과 감정을 얼마나 갖고 있느냐보다는 자기가 지닌 지식과 정보를 조합해서 나만의 독창적인 표현을 할 수 있는지가 더 중요해졌습니다. 학교 수업 방식도 이제는 교사가 이미 정해놓은 답을 찾는 것보단 수행평가식으로 많이 한다고 하는데 발표나 토론 등에서 아이들이 표현하지 못하면 평가가 안 될 정도라고 하죠.

'뇌 가소성Brain plasticity'이란 말을 들어보셨을 겁니다. '경험에 따라 변하는 뇌의 성질' 정도로 이해해두시면 됩니다. 바로 이 뇌 가소성은 우리 아이들이 배움을 통해, 그리고 활용을 통해 얼마든지 표현력 천재로 거듭날 수 있는 이유가 됩니다.

오로지 읽고 암기만 하던 뇌를 세상에 표현하는 뇌로 변화시켜준다면, 즉 변화의 방향을 주도하는 방법을 잘 알고 평소에 잘 사용하지 않는 뇌세포들을 적극적으로 활용하면 표현력에 능숙한 뇌로 만들 수 있다는 겁니다. 다행입니다. 표현력에 있어서 '결정적 시기critical period', 즉 표현력의 발달 단계에서 제대로 된 표현을 습득하는 대단히 중요한 시기인 이때 아이들의 표현력을 살필 수 있게 되었으니까요.

우리 아이들은 표현력을 배울 수 있는 결정적 시기에 있습니다. 뇌는 언어에 민감하게 반응하며, 언어와 관련한 뇌 가소성 역시 민감하기에 표현의 습득에 유리한 상태에 있는 것이죠. 표현의 정확도, 매력도, 신뢰도 모두 극적으로 성장시킬 수 있는 절호의 기회인 것이죠. 하지만 반대로 이 시기를 지나면? 표현과 관련된 뇌세포들이 '안정'되면서 표현의 개선과 발달이 어려워지게 될 겁니다.

부모를 향해, 친구를 향해, 그리고 세상을 향해 자기의 생각과 감정을 표현하는 우리 아이들을 격려해주셨으면 합니다. 자기의 이야기를 꺼내놓는 것은 누구에게나 두려운 일이기 때문입니다. 유아기를 지나 자기의 언행에 대해 평가를 받는 걸 느낀 아이들은 '이렇게 얘기해도 괜찮을까? 혼나는 거 아닐까?'라면서 입을 닫아버리게 된다는 걸 우리 부모들이 잊어서는 안 됩니다.

부모로서 먼저 아이의 표현에 대해 응원해주시기를 바랍니다. 아이의 표현 중에 단 하나의 장점이 있더라도 잘 들어주고 또 칭찬하면서 '어떻게 이렇게 재미있게 말을 잘하는 거니?'라면서 격려해주세요. 이런 부모의 노력이 반복될 때 비로소 아이의 말과 행동이 어느 순간 비약적으로 발전해 있을 테니까요.

표현력을 점검해봐야 할 때는 직장에 들어와서나, 알바를 시작하면서, 대학교에 입학해서가 아닙니다. 지금 우리 아이들이 다니는 초등학교 시절이 평생을 좌우하는 표현력의 기초를 닦고 개선하며 고급스럽게 완성하기에 좋은 때입니다. 언행言行, 즉 표현력은 과거에도, 현재에도 그리고 미래에도 경쟁력이자 권력일 겁니다. 사람의 총체적 모습을 대변하는 표현력을 무시해서는 절대 안 되는 이유입니다.

표현력은 그 자체로 '자신을 세상 밖으로 밀어내는 힘'이라는 뜻을 지닙니다. 영어로 '표현하다'는 'express'입니다. 그 어원은 라틴어의 ex(밖)에 press(밀어내다)를 더한 말이라고 하더군요. 하지만 저는 press의 뜻을 다르게 해석하고자 합니다. '밀어내다'가 아니라 '나아가다'라고 말이죠. 즉, 표현력은 더 나은 방향으로의 직진을 뜻하는, '세상 밖으로 나가는 힘'이 아닐까 합니다.

세상 밖으로 나가는 우리의 아이들을 위해 어떻게 표현력을 가르쳐야 하는 걸까요. 학원에 보내야 할까요? 말 잘하는 사람을 붙여 과외라도 시켜야 할까요? 아닙니다. 표현을 잘하고 못하고의 차이는 표현을 배워서 연습했는가 아닌가의 차이일 뿐입니다. 부모님이 이 책을 통해 아이들의 표현력 성장을 위한 방법을 안내한다면 좋은 결과가 있을 겁니다.

초등학생 아이에게 어른스럽게, 전문적으로, 유창하게 말하는 방법을 가르칠 이유는 없습니다. 그저 아이들이 자기가 처한 때와 장소에 맞게 자기의 생각과 감정을 정확하게 어필할 수 있게 해 주면 됩니다.

그렇게 세상으로 나갈 준비를 하는 우리 아이 표현력의 세계를 넓혀주는, 일종의 초등학생을 위한 표현력 지침서가 이 책이 지향하는 바입니다. 이를 위해선 우선 초등학생 자녀의 표현 한 마디 한 마디를 잘 관찰하고, 잘못된 부분은 개선하고, 잘한 건 습관으로 만들어야 하는데 이때 이 책이 아이들의 표현력을 발전시키려는 부모님들을 위한 편안한 가이드가 되도록 했습니다.

아이의 표현을 가장 먼저 듣게 되는 건 결국 우리 부모입니다. 부모가 먼저 잘 들어주고, 잘 받아주고. 부모가 서로 아름답게 표현을 주고받는 것을 아이들에게 보여줄 수 있다면 세상 그 누구도 부럽지 않은 표현력 천재가 된 내 아이를 곧 만나게 될 수 있지 않을까 합니다.

용기는 두려워하지 않는 것이 아니라, 두려움에도 불구하고 행동하는 것이라고 합니다. 아이들이 세상을 향해 자기의 생각과 감정을 내보이는 데 거침이 없기를 바랍니다.

표현력 천재가 될 우리 아이들을 기대하면서
김범준

차례

PART 2

말하기도 기술이다

PART 3

인간관계는 표현으로부터 시작된다

PART 1

표현력이
아이의 미래를 바꾼다

'문해력'을 걱정하기 전에 '표현력'부터 고민해야 합니다

　우리 아이들을 위한 언어 공부의 쌍두마차는 '문해력' 그리고 '표현력'입니다. 문해력에 대해서는 많은 이야기가 시중에 넘치고 있습니다. 문해력이 있어야만 공부를 잘한다, 문해력이 있어야 소통이 된다, 문해력이 있어야… 하지만 문해력만 강조하는 지금의 모습이 ― 문해력을 어떻게 아이들이 받아들이느냐는 별개로 하고 ― 사랑하는 아이들을 위한 바람직한 방향 설정인지에 대해서는 의문입니다.

　문해력은 표현력을 위한 디딤돌입니다. 결국 우리 아이들의 핵심역량이 되어야 할 것은 세상을 이해하는 문해력을 넘어서 세상을 향해 자기의 생각과 감정을 드러내는 표현력입니다. 문해력은 일종의 '인풋'이고 표현력은 '아웃풋'입니다. 물론 문해력이 일종의 지식 습득에 관한 것이기에 거의 모든 부모가 원하는 바로 그 지점, 그러니까 공부를 잘하는, 아니 성적을 올리는 것과 더 밀접하기에 '마음 급한' 부모님들은 문해력에 관심을 먼저 두게 됩니다.

그러나 우리 아이들의 미래가 오로지 '인풋에의 과다섭취'로 밝아질 것이라고 믿는다면 너무 순진한 생각 아닐까요. 우리는 이미 '인풋' 위주의 공부와 학습이 사회에서는 별반 쓸모가 없다는 것을 잘 알고 있습니다. 대표적인 게 영어겠죠. 개인적으로 저 역시 나름대로 '명사Noun'로 시작되는 문법, 지금도 자신 있습니다. 단어요? 그것도 마찬가지고요. 인풋으로 학습한, 아니 암기한 것들이니까요.

하지만 실제 가까운 나라에 여행 가서 듣기와 말하기를 하는데 먼먼 옛날, '아이엠탐, 아임어보이, 유아제인, 유아어스튜던트' 하던 수준에서 벗어나지 못한 나 자신을 발견하고 절망에 빠진 경우가 한두 번이 아닙니다. 외국이 아닌 우리나라에서조차 외국인이 다가오면 그의 말을 듣기도 전에 피하는 게 먼저였으니까요. '표현'이라는 '아웃풋'을 무시함으로 인해 벌어진 예견된 참사였습니다.

하지만 다행스럽게도 토론과 프레젠테이션을 강조하는 선진국

처럼 우리나라도 이제 점차 표현력을 중요시하는 분위기가 생겨나고 있습니다. 실제로 교육전문가 사이에서도 표현력의 중요성을 강조하기 시작했고요. 이제 우리 부모들 역시 아이들이 표현력을 키우는 방법에 대해 고민해보는 것, 의미가 있는 일이 되었다는 걸 알아차려야 합니다.

표현 하나만큼은 사랑하는 우리 아이들이 당당하게 자기의 생각과 감정을 드러낼 수 있기를 바랍니다. 특히 가정을 넘어 경험하는 첫 번째 사회인 학교에서부터 친구들과 좋은 관계를 맺기 위해서 자기의 표현을 다듬을 수 있었으면 합니다. 예를 들어보겠습니다. 우리 아이가 친구와 대화를 나누는 장면입니다.

친구 : 너 작년에 경주 여행 다녀왔다고 했지?
자녀 : 응. 그런데 왜?
친구 : 우리 가족도 이번 여름에 경주에 갈 건데 너한테 정보를 얻고 싶어서.

이때 자녀의 대답은 어떠해야 할까요? 혹시 이렇게 대답했다면?

"응, 작년에 경주 갔을 때 날씨가 엄청 좋았어. 아, 맞다. 그런데 엄마랑 아빠가 아무것도 아닌 일로 다투서서 짜증이 났어. 여행 내내 분위기 안 좋았어. 그러니까 가지 마."

여행지에 대한 정보를 요청했는데 여행지에서 일어난 가족 간의 다툼을 이야기하는 자녀를 좋은 친구라고 생각할까요? 물론 누군가는 이 상황을 자녀의 이해력 혹은 문해력의 문제 상황으로 받아들일 수도 있겠습니다. 하지만 이건 전적으로 표현력의 문제입니다. 자신의 입에서 나오는 말에 관심을 기울일 줄 알았다면 역逆으로 무엇을 말해야 할지를, 아니 무엇을 들었는지를 고민하게 될 테니까요.

일상에서 표현력 훈련이 제대로 되지 않으면 아이들은 자신의 말이 어떤지를 알아차리지 못한 채 오로지 자기 생각만 말하고 끝내버립니다. 우리의 자녀가 이렇게 되는 걸 원하는 부모님은 없을 겁니다. 그렇다면 어떻게 대답하는 자녀가 되기를 바라시는지요? 이렇게 대답한다면 그래도 마음이 놓이지 않을까요.

"볼 것 정말 많았어. 특히 나는 새벽에 아빠, 엄마랑 함께 방문한 석굴암이 인상적이더라. 해 질 무렵의 첨성대도 괜찮았고, 아, 그리고 경주빵 꼭 먹어야 해. 쌈밥도 맛있었고!"

문해력이 지식의 문제라면 표현력은 지혜의 문제입니다. 세상에 자신을 돋보이려고 하는 지식의 뽐냄이 아니라 세상과 더불어 살아가고자 하는 지혜의 관계인 것이죠. 지식도 좋으나 지혜도 우리 아이들에게 있기를 바랍니다. 이를 위해 친구와 대화 하나부터 조심스럽게 자기의 대화를 설계할 줄 아는 그런 우리 아이들이 될 수 있도록 부모님들이 신경을 써주셨으면 합니다.

표현은 어떻게
공부가 되는가?

사내 강사를 하던 때의 일입니다. 저와 같이 사내 강사를 하는 동료가 있었습니다. 한 아이의 엄마였죠. 저보다 나이도 많았고 다소 이른 나이에 결혼한 터라 장성한 아들이 있었습니다. 부럽게도 서울의 명문대 경영학과에 다니고 있더군요. 쉬는 시간에 커피한 잔을 마시며 이야기를 나누다 그분의 아들에 관해 궁금증이 생겼습니다.

당시 제 첫째 아들이 초등학교 5학년이었기에 슬슬 걱정도 되기 시작한 때였기에 그분 아들의 공부법, 아니 아들을 어떻게 이끌었는지가 알고 싶었던 겁니다. 사실 저는 "수학 공부는 이렇게, 영어 공부는 저렇게 해야 하는데 학원은 여기를, 과외는 저기를…"이라고 말해주는, 일종의 비법(?)을 듣길 기대했습니다. 하지만 그분의 말은 의외였습니다.

"저는 아들이 초등학생 때 주 2회 수학학원에 보내는 것 이외에는 책 읽고 글쓰기만 시켰어요."

이게 무슨 소리인가 했습니다. '이미 필요한 것을 얻은' 자녀의 배부른 자랑이라고 순간 느꼈으니까요. 그런 거 있잖습니까. "제 성적의 비결은 교과서 위주로 학교 수업에 충실했다"라는 수능 만점자의 담담한, 하지만 수많은 수험생을 좌절에 이르게 하는 바로 그 말 말이에요. 그렇게 생각됐습니다. 그리고 '에구, 그래, 너 잘났다'라고 생각하곤 그냥 한쪽 귀로 흘려들었습니다.

'이제 시작인데 한가하게 책을 읽게 해? 글을 쓰게 한다고? 말이 되는 소리를 해야지!'

그때의 제 어리석음을 지금은 처절하게 후회하고 있습니다. 그때 저는 제 아들을 월화수목금토일 시간대별로, 그것도 오로지 영어와 수학만, 학원과 과외를 보내려고 애쓰는 우매함을 떨궈야 했습니다. 좋은 책을 읽고 친구들과 함께 토론한 후 그것을 글로 써보는 연습을 시키지 못했던 아쉬움이 너무나 큽니다.

말하면, 표현하면 더 잘 배울 것이고, 더 제대로 배울 수 있다는 것을 저는 몰랐습니다. 한 교육전문가의 말이 또 생각납니다.

"지식을 정리하고 싶다면 읽고 외우는 노력만큼 말을 하고 글을 써보도록 하십시오."

그렇습니다. 말하면 정리가 됩니다. 쓰면 정리가 됩니다. 말하고 쓰는 것, 그러니까 표현하면 정리가 됩니다. 자신의 지식을.

우리 아이들은 쓰기 위해 말하고, 말하기 위해 읽을 수 있도록 해야 합니다. 이를 우리 아이들이 훈련할 수 있도록 부모님들이 도와주어야 합니다. 내 입으로 말할 때, 내가 쓴 글로 써볼 때, 그때 비로소 배우고 익힌 것이 내 것이 된다는 걸 부모님부터 알고 또 그것을 우리의 아이들에게 권유할 수 있어야 합니다.

학원, 과외 그리고 인강… 아이들은 대부분 강사의 현란한 설명을 들으면 안다고 생각합니다. 하지만 막상 문제를 대하면 풀지 못하죠. 읽거나 들어서 아는 것은 완전히 내 지식이 된 것이 아니기 때문입니다. 그 지식을 실제로 활용할 수 있을 때 진짜 내가 아는 것이 됩니다. 그래서 이해와 암기는 말과 글로써 드러내도록 격려해줘야 합니다.

예를 들어 영어 공부를 잘하려면 영어 단어 100개를 외우라고 하기보다는 다만 몇 문장이라도 자기의 입으로 말해보라고 하는 게 훨씬 낫습니다. 분절적으로 단어를 암기하는 것보다는 문장 전체를 말할 수 있도록 독려하는 게 낫다는 것이죠. 그러니 이제 '하루에 단어 20개 외워야 해!'가 아니라 '하루에 2문장씩 말할 수 있도록 해보자!'가 부모가 우리 아이들의 표현력 향상을 위해 관심을 두어야 할 방향입니다.

아이들뿐인가요. 언젠가 '가르치면서 배운다'라고 하는 대학생들의 모습을 뉴스에서 본 적이 있습니다. 여름방학을 맞아 고향을 찾은 대학생들이 멘토가 돼 지역 후배들에게 교과 수업을 하는 것이었죠. 참고로 이 멘토링에 나선 대학생들은 대부분 교사의 꿈을 갖고 있었는데 그들은 스스로 "학생들을 가르치면서 좋은 선생님이 되는 실습을 했다"고 말했습니다. 이렇게 말입니다.

"직접 가르쳐볼 수 있는 기회가 사실 잘 없거든요. 그런데 이런 멘토링이라는 좋은 기회를 만나서 학생들이랑 직접 소통할 수 있는 계기가 된 것 같습니다."

글을 쓰고 말을 하는 것, 즉, 표현이라는 건 자신의 지식을 숙성시켜 지식을 지혜로 완성하는 좋은 방법입니다. 그러니 우리 아이들도 자기의 생각과 감정을 집에서는 부모에게, 밖에서는 친구에게 드러내어 표현하면서 성장하기를 바랍니다. 물론 아이들이

쓰거나 말하는 건 초등학생이기에 어색할 수밖에 없습니다. 글과 말은 주제에서 벗어나기도, 자연스럽지 않기도 할 겁니다. 하지만 말하고 글을 쓰는 우리 아이의 노력을 대견하게 바라보는 부모가 되기를 기원합니다.

5차 산업혁명 시대를 살아가기 위한
내 아이의 표현력은
일상의 경험에서 시작됩니다

표현表現

1. 생각이나 느낌 따위를 언어나 몸짓 따위의 형상으로 드러내어 나타냄.
2. 눈앞에 나타나 보이는 사물의 이러저러한 모양과 상태.

사전에서 찾아본 표현에 대한 정의입니다. 핵심 키워드는 무엇일까요? '나타냄'이 아닐까 합니다. 그렇다면 무엇을 나타낸다는 걸까요? 자기 생각을, 그리고 느낌을 언어와 몸을 이용해서 나타내는 일일 겁니다. 생각을 드러내는 것, 느낌을 알리는 것… 이것만큼 아이들에게 필요한 교육이 또 있을까요.

하지만 과연 우리의 공교육 체계하에서 이 표현에 대한 교육이, 표현력에 대한 학습이 제대로 이루어지고 있는지는 의문입니다. 물론 그렇다고 해서 온전히 아이들의 학교에 표현과 표현력의 수준에 대해 아쉬움을 떠넘기는 건 부모로서 일종의 직무유기입니다. 사실 표현이란 사적 영역에서 이루어지는 대화에서 시작되기 때문이죠.

사적 영역? 네, 맞습니다. 바로 가정입니다. 오직 공식적인 학교에서의 교육만으로 아이들이 표현력을 완성하기를 기대하기보다는 다양한 삶의 맥락이 그대로 살아 있는 가정에서의 부모와 자녀 간 대화부터 아이들의 표현력을 고민하는 게 중요합니다. 아무래도 공교육에서는 사적 대화의 영역에 대해 등한시하는 면이 있기에 더욱 그러합니다.

멀리 갈 것도 없습니다. 우리 스스로 돌아보면 됩니다. '학교 다닐 때 대화하는 법을 교육받았나?'라는 질문에 뭐라고 답하겠습니까. 초등학교, 그리고 중고등학교 및 대학을 거치면서 대화법을, 표현력을 배웠다고 자신 있게 '네!'라고 말할 수 있는 사람이 몇이나 될까요. 거의 없을 겁니다. 우리의 표현력은 가정에서 부모와 이야기를 나누고 또 보는 과정에서 시작됐으니까요.

회의, 토론, 면접, 협상, 발표, 연설 등의 공적인 커뮤니케이션은 물론 중요합니다. 더군다나 요즘에는 이런 것들도 대입은 물론 취업을 위해서도 중요하니까요. 사적인 커뮤니케이션 역시 인사하기, 칭찬하기, 감사하고 위로하기 등과 같은 사회적 상호작용과 관련 있는 것들이 상당히 많습니다. 하지만 사회화의 시작인 가정에서의 자녀와 부모 간 말과 글은 과연 어떠했나요?

부모와 자녀가 어떻게 대화를 나눌 것인지에 대한 고민이 과연 충실하게 있었던가요. 자녀와 이야기를 나누고 피드백을 하고 다시 아이의 이야기에 귀를 기울여 주는, 이 과정부터 제대로 정립되어야 함에도 그러지 못한 경우가 대부분 아닐까요. 심지어 어떤 부모는 아이들의 표현력에 상처를 주고 또 정체되게 만들어 버리기까지 하지 않았습니까. 그렇게 아이들은 자신을 표현하는 것에 어색하게 되기도 했고요.

물리적 생산과정이 디지털 프로세스와 결합한 자동화가 핵심인 4차 산업혁명을 넘어 이제는 5차 산업혁명을 기대하는 시기가 되었습니다. 아직 5차 산업혁명의 개념은 정립되지 않았으나 인간과 기계의 공존을 핵심으로 보는 사람이 많습니다. 기계가 인간과 공존하는 이 시점에 우리의 자녀가 준비해야 할 건 무엇일까요?

저는 5차 산업혁명의 시대야말로 인간이 주인이 되는 시대가 되어야 한다고 생각합니다. 기계가 해내지 못하는 공감과 위로, 그리고 기쁨과 슬픔을 '인간적으로' 표현할 줄 아는 사람만이 진정한 인재로, 리더로 인정받을 것입니다. 학력, 전문지식, 경험 등 예전에는 그 자체로 한 사람의 역량을 대신했던 것들이 이제는 진정 누군가와 소통할 수 있는 능력, 즉 표현력에 밀리게 되는 시대가 된 거죠.

그동안 우리 아이들은 다양한 현실의 맥락을 고려하거나 문제 해결력을 향상하게 하는, 정말로 자신의 삶에 필요한 표현력을 배우기보다는, 이미 잘 짜인 대본 중심의 읽기 교육에 함몰되어 정작 가정을 넘어 사회에 나가 자기 생각과 감정을 상대방에게 적절하게 알리는 교육은 받지 못했습니다. 그래서일까요, 아이들의 거친 표현에 놀라는 부모가 한둘이 아닙니다.

늦지 않았습니다. 지금이라도 부모가 먼저 자녀를 향해 긍정적 마음을 가지고, 아이의 장점을 발견하면서 긍정적으로 표현해야 합니다. 앞으로 5차 산업혁명 시대를 살아가야 할 내 아이의 표현력은 부모와 자녀가 나누는 일상의 경험에서 시작된다는 것을 깨닫고 아이가 자기 즐거움을 느낄 줄 알고 자유로움과 편안함 속에서 생각과 의견을 거침없이 펼칠 수 있도록 배려하는 부모가 되어야 합니다.

당신의 자녀가 당당한 '발표왕'이 되기를 원하십니까?

대화는 목적이 있는 행위입니다. 이때 대화는 말과 행동으로 이루어지게 되죠. 행동으로 대화한다? '몸짓언어'가 그것입니다. 손가락으로 동그라미를 그리거나 표정을 찡그려 자기 생각과 감정을 상대방에게 표현합니다. 하지만 역시 생각과 감정을 가장 효과적이고 체계적으로 전달할 수 있는 수단은 역시 말하기와 글쓰기입니다.

정보전달 과정에서 표현력의 중요성은 더욱 강조됩니다. 표현력은 자기의 생각과 감정을 세상에 드러내는 것이기에 당연히 상대방이 있는 그 무엇입니다. 말 하나 할 때도 상대방을 염두에 두고 잘 설계해야 하는, 일종의 '조직화'가 필요한 이유입니다. 그렇다면 어떻게 자기의 생각을 조직적으로 잘 표현해낼 수 있을까요. 예를 들어 '경주 여행'이라는 주제로 아이가 발표하게 되었다면 이렇게 지도해주시기 바랍니다.

어디에서나 당당한 내 아이를 위한 발표의 기술

[1단계] **키워드를 확인하고 그에 따라 말하고 싶은 바(즉, 주제)를 정한다.**
(예) 키워드 : 경주 여행 (주제 : 경주 여행을 즐기는 법)

[2단계] **주제에 맞춰 발표할 거리를 찾는다.**
(예) 경주의 역사, 경주 관광 정보, 경주의 먹거리, 경주의 교통수단 등

[3단계] **발표할 거리를 찾아 정보를 수집한다.**
(예) 인터넷 활용 혹은 이미 경주 여행을 다녀온 친구의 정보를 습득

이런 과정, 즉 '조직화'를 거치고 나면 최소한 이야기할 거리가 생길 겁니다. 우리 아이의 발표가 반 친구들로부터 흥미와 설득력

을 얻을 수 있을 테고요. 얼핏 보면 어렵지 않은 과정입니다만 실제로는 이런 과정을 평소에 고민해두지 않으면 실제 상황에 이르러서는 당황하게 됩니다.

말하기와 글쓰기 둘 다 자기 생각과 느낌을 표현하고 공유하는 행위입니다. 그런데 이 둘 사이에도 살짝 차이가 있습니다. 말하기가 주로 '지금, 그리고 여기'의 상황에 있는 누군가를 의사소통의 대상으로 삼는다면 글쓰기는 '시간과 공간을 뛰어넘어' 다른 사람과 나누는 의사소통이니까요.

모두 중요합니다. 그러니 자녀를 둔 부모라면 이 말하기와 글쓰기를 아이들이 모두 잘 해낼 수 있도록 격려하고 칭찬해야 합니다. 사실 아이가 어린이집에만 들어가도 읽기에만 집중되는 편중적 교육에 휩쓸리게 되니까요. 그러다 초등학생이 되면 그 강도는 더해지죠. 읽고 문제 풀어서 맞추고… 이 반복 속에서 우리 아이들이 자기 생각과 감정을 표현할 기회는 점점 사라지게 된다는 것, 기억하셔야 합니다.

특히 말하기만큼은 우리 부모가 개입하여 아이들의 표현력이 성장할 수 있도록 도와줬으면 합니다. 말은 대화로 이어지고 이는 타인과의 교류를 통해 지식과 정보를 나누고 생각을 공유하는 원천이 되는데, 그 시작은 가정에서 부모와 나누는 아이들의 대화에서 비롯되기 때문입니다. 표현을 할 줄 알면 슬픔이나 기쁨 등의 정서를 나누고 친밀감을 느끼면서 공동체의 일원이 됨에도 도움이 되는 건 물론이고요.

최근 우리 부모들의 화두는 '문해력', 즉 읽고 깨우치는 능력이라고 하지요. 당연히 중요한 키워드입니다. 하지만 여기에 머물러 있다면 뭔가 아쉽습니다. 당장 눈앞에 있는 시험을 잘 봐서 성적을 잘 내야 할 테니 당연히 문해력에 관심을 두는 건 좋지만 우리 아이들의 표현력이 저하되는 모습을 그대로 지켜본다는 건 그저 안타까울 따름입니다.

참고로 저는 오직 암기와 이해만으로 성장기를 보내게 된 아이들을 생각하면 미안합니다. 어렸을 적 그토록 말도 많고 밝았던 우리 아이들이 어느 순간 말수도 적어지고 어두워진 이유가 결과론적인 학업성적 때문이 아니라 그동안 아이들이 자기 생각과 감정을 온전히 표현하도록 도와주지 못한 아빠인 제 탓이라고 생각하기 때문입니다.

우리 부모들이 저의 실수를 답습하지 않기를 바랍니다. 아이들이 아이들답게 자신의 이야기를 할 수 있도록, 아이가 말할 땐 들어주고 말을 하지 않으면 조심스럽게 다가서서 말해보도록 격려하는 것이죠. 따뜻한 부모의 격려를 통해 세상과 벽을 두는 대신 세상에 자기를 드러내는 아이들이 되기를 바랍니다.

표현을 잘하는 아이는
자기의 자아를 스스로
성장시킬 수 있습니다

'자아自我'란 자기 자신에 대한 의식이나 관념을 말합니다. 독립된 한 인격체로서의 자신을 발견하는 일이지요. 아이들의 자아는 성장해야 합니다. 가정의 틀에서 벗어나 사회 속의 구성원으로 존재해야 하기 때문입니다. 그렇다면 자아의 성장은 어떻게 진행될까요? 타인을 통해 얻게 된 자신의 모습을 인식하는 과정에서 형성됩니다.

결국 자아 개념의 형성에 가장 큰 영향을 미치는 요인은 나와 다른 타인과의 관계일 겁니다. 이때 관계는 상대방이 표현하는 말을 듣고 또 그에 대해 자신이 표현하는 말로 형성됩니다. 타인과 소통을 하는 과정에서 긍정적인 표현을 하고 또 들으면 긍정적 자아가 형성되나 그 반대의 경우엔 부정적 자아 개념이 형성됩니다.

예를 들어볼까요. 학교에 간 자녀가 수업 시간 직전에 연필을 가져오지 않은 것을 깨닫습니다. 옆 친구에게 이렇게 부탁하겠죠.

"저기, 있잖아… 연필 남는 거 있어? 내가 깜빡하고 안 갖고 왔어. 진짜 미안한데 하나만 빌려도 될까?"

이때 만약 그 친구가 다음과 같이 말한다면?

"너도 참… 연필 하나 빌리는 것 가지고 뭘 그렇게 어렵게 말하니? 여기 있어. 그나저나 너 너무 사람들 눈치 보고 그러지 마."

이 말을 들은 우리 아이에게 어떤 자아가 형성될까요? 친구의 말에 스스로 '나는 소극적이고 수동적인, 어쩌면 부정적인 성격을 가진 것 아닐까?'라는 생각에 휩싸이지 않을까요. 반대로 친구가 다음과 같이 말했다면 어떻게 될까요?

"그래, 여기 있어. 그런데 이렇게 조심스럽게 말하는 걸 보니 나를 배려해주는 거 같아서 좋다."

우리 아이의 마음에는 자신을 '배려심이 있고 차분하며 긍정적인 성격을 지닌 나'라고 생각하는 자아가 형성될 겁니다. 즉, 우리 아이들은 자기의 표현 그리고 그에 대한 상대방의 반응을 통해 개인이 가진 자아를 인식하고 관리하며 더 나아가 남들이 자신을 바라보는 것을 인식하고 또 조정할 수 있습니다.

이왕이면 긍정적인 표현을 주고받으면서 능동적이고 적극적인 자아 개념을 성장시켜 나가며 세상을 더불어서 함께 살아가는 곳으로서 적극적으로 받아들이는 우리의 아이들이 되는 게 낫지 않을까요. 말하고 행동하면서 자신을 표현하는 것이 한 사람의 자아를 결정짓는다는 사실을 안다면 우리 아이들이 말 하나, 행동 하나에도 조심해야 함을 깨달아야 합니다.

표현을 하는 건 이렇게 한 사람의 자아를 결정짓습니다. 그렇다면 우리 아이들이 어떻게 남보다 먼저 좋은 표현을 건넬 수 있을까요? 여기에서 우리 부모님들의 역할이 중요합니다. 자녀가 긍정적 기질을 선천적으로 갖고 태어났다고 해도 부모가 부정적, 통제적 혹은 억압적 말과 행동을 하게 된다면 아이는 자기 본성인 긍정의 씨앗을 새싹으로 틔울 수 없게 됩니다.

예를 들어볼까요. 자녀가 열심히 책 한 권을 읽습니다. 끙끙대며 읽기를 한나절, 아빠에게 와서 이렇게 말합니다. "아빠, 나 이 책 다 읽었어요. 이제 다른 책 사 주세요." 이때 아빠의 대답이 다음과 같았다면 과연 아이는 어떤 정서를 자신의 마음에 품을까요?

"너는 그게 문제야. 한 번 읽으면 되겠어? 몇 번을 더 읽어야지!"
"생각이 있니 없니. 누가 책을 한 번만 읽고 그만두니?"

아이는 더는 아빠와 이야기할 용기를 갖지 못할 겁니다. 가장 가까운 사람으로부터 부정된 자기 자아의 상처는 결국 세상을 향해 자기의 생각을 표출하지 못하게 합니다. 아무리 긍정적 성품을 가진 자녀라고 하더라도 모든 걸 문제로만 생각하는 부모의 억압적 태도가 자녀의 표현 의지를 꺾어 버리는 것이죠.

가정에서부터 표현을 마음대로 하지 못하는 아이는 결국 자신의 입을 닫아버립니다. 그렇게 되기를 원하십니까? 자녀의 용기에 대해 격려를 하지 않는 것, 자녀의 아픔에 위로를 보내지 않는 것. 모두 부모로서 역할에 실패한 겁니다. 최소한 아이가 세상에 자기를 표현해내려는 욕망을 잔인하게 꺾어버리고 마는 것이죠.

표현력이라는 건 타인과 함께 세상을 살아가는 역량으로 작용합니다. 다른 생각을 지닌 누군가와 함께 사회의 구성원으로서 나서기 위한 귀한 능력인 셈이죠. 표현을 잘하려면 오로지 자기 생각을 내뱉는 것만이 아니라 타인의 상황을 배려하는 친절함도 있어야 합니다. 이는 그냥 얻어지는 것이 아닙니다. 우리의 자녀 역시 표현에 대한 훈련이 필요합니다. 부모가 알려줘야 하는 건 물론이고요.

자녀와의 대화에 신경 써주세요. 자녀와 대화할 때는 잘 들어주고, 위로하거나 격려해주고, 대화 끝엔 꼭 응원의 메시지를 넣어주시길 부탁드립니다. "자랑스럽다", "정말 슬프겠어", "할 말 있으면 얼마든지 해도 돼. 아빠도 듣고 싶어", "진짜 힘들었겠어!" 등의 따뜻한 표현들. 그러면 우리 아이는 자신의 자아를 성장시킬 수 있고 또 세상에서 힘든 일이 생길 때도 자신이 기댈 수 있는 든든한 벽으로 부모님을 생각하게 됩니다.

부모의 모범적인 표현을 통해 우리 아이들이 자기와 다른 생각을 적극적으로 받아들일 줄 알고 거기에 맞춰 표현하는 것도 잘 해내기를 바랍니다. 다른 친구의 말꼬리를 잡고 늘어진다든가, 자기 말만을 고집하거나, 타인의 말을 무시하는 태도로 대화에 임하는 것을 조심하면서 상대방을 배려하는 말에 관심을 두기를 바랍니다. 이를 위해 해야 할 부모의 역할은 자녀의 표현을 긍정적 정서로 반갑게 받아주는 것임을 기억해주시기 바랍니다.

세상을 스스로 디자인할 줄 아는
사람이 되기 위한
자기 긍정의 표현력

살아간다는 건 끊임없이 다가오는 문제들을 해결하는 과정입니다. 어제도 오늘도 그리고 내일도 우리는 문제의 그늘에서 해결이라는 햇빛을 만들어내기 위해 늘 고심하며 살아갑니다. 이때 부모란 한 가정의 문제를 해결하는 사람이기도 하죠. 우리의 아이들도 마찬가지일 겁니다. 어렸을 적에는 문제를 일으키는 – 문제를 일으킨다기보다 성장의 흔적이라고 봐야 하겠죠? – 주체였으나 이제 문제를 해결하는 주체로 거듭나야 할 테니까요.

그렇다면 문제를 잘 해결하는 사람의 자질은 무엇일까요? 제가 사회에 나와 직장 생활을 하면서, 그리고 결혼하여 아이들을 기르면서 문제 해결력을 위해 고민했던 것들을 세 가지로 정리해

봤습니다.

첫째, 타인의 문제 해결에 도움 주면서 문제 해결력을 배울 것
둘째, 긍정적인 태도를 유지할 것
셋째, 사랑을 놓치지 말 것

우선, 다른 사람의 문제를 외면하지 않고 관심을 두는 과정에서 문제 해결력을 키우게 된 것 같습니다. 관심은 관찰로 이어지고 이는 적극적인 도움의 마음을 갖게 하며 이 마음이 실행으로 이어졌을 때 다름 아닌 저 자신이 문제 해결력을 발전시켰다는 생각입니다. 작은 것 하나에도 관심을 두고 바라볼 줄 아는 능력이 결국 문제 해결력의 시작점이 되었던 것이죠.

둘째, 긍정적인 태도의 유지는 문제 해결을 위해 당연히 필요합니다. 문제가 생겼을 때 문제에 짓눌려 괴로워하기보다는 '방법이 있겠지'라고 생각하는 마음이 문제 해결의 출발점이 되는 것이죠. 거듭 말씀드리는데 자녀에게 긍정적 태도를 전달하는 건 부모의 역할 중 특히 고려해야 할 최우선의 과제입니다.

문제라는 건 늘 우리 주변에 있습니다. 문제가 다가올 때 그 문제를 부정적으로 바라보면서 해결의 기회를 놓치느냐, 그 문제를 긍정적으로 대하면서 솔루션을 찾아내느냐 하는 것은 모두 태도

의 차이에서 결정됩니다. 그러니 어떻게 해서든지 우리의 아이들이 문제의 그늘 속에서 괴로워하는 대신 문제의 해결을 위한 긍정적 마음가짐 속에서 성장하기를 기대합니다.

마지막으로 문제 해결력을 높이기 위해선 세상을 마주하는 자기를 사랑할 줄 알아야 한다는 겁니다. 자기를 위로하고 격려하며 칭찬하고 사랑하지 못하는 사람이 세상의 문제를 해결하기는 어렵기 때문입니다. 자신을 사랑할 줄 알 때 비로소 우리의 아이들은 세상도 사랑할 줄 압니다. 세상을 사랑해야 세상으로부터 다가오는 문제도 당당하게 맞서 해결할 수 있는 겁니다.

문제 해결력을 갖춘 우리 아이들의 입에서는 어떤 표현이 나오게 될까요? 예를 들어 자신이 원하는 야구선수가 되기 위해 노력하는 한 아이가 있다고 해볼게요. 그 아이가 누군가로부터 "글쎄, 너는 소질이 없는 거 같아. 잘 모르겠지만… 운동, 그만두는 게 어떨까?"라는 잔인한 비판을 들었다고 해보겠습니다. 만약 이 말을 들은 아이가 여러분의 자녀라면 어떻게 대답하기를 원하시는지요? 저는 이렇게 대답했으면 좋겠습니다.

"글쎄요. 제가 소질이 없는지는 잘 모르겠습니다. 하지만 아직은 운동을 잘 해낼 가능성이 있다고 생각하니까 한번 해볼게요. 해보고 나서 말씀드릴게요."

물론 불필요한 질문에 대해, 자신을 공격하는 발언에 대해 굳이 목소리를 내지 않으면서, 그러니까 표현을 하지 않으면서 '우아하게' 무시하는 것도 좋은 표현의 기술일 겁니다. 하지만 가끔은 이렇게 아름다운 표현을 함으로써 자신을 지키고 상대방의 무지를 각성시킬 줄 아는 아이가 우리의 자녀라면 더 괜찮지 않을까요. 누군가의 쓸데없는 기대에, 혹은 비난에 대해 깔끔하게 '내 할 일'에 자신을 갖는 우리 아이들이 되기를 바랍니다.

오히려 우리 어른들은 그동안 사회생활을 하며 문제 그 자체에만 집중하느라 정작 스스로 문제를 해결할 기회를 날려버리곤 했습니다. 하지만 우리 아이들만큼은 문제 그 자체에 집중하기보다 '잘 될 거야!'라는 긍정성과 그에 따른 노력만을 생각했으면 좋겠습니다. 문제를 대하는 태도 하나로 자신의 표현력을 높일 수 있다고 믿으니까요.

자몽은 그냥 먹기에는 너무 신 과일입니다. 그러나 그 즙으로 맛있는 자몽에이드를 만들 수 있습니다. 불완전한 물건으로 완전한 걸 만드는 것입니다. 마찬가지입니다. 다양한 세상만큼 다양한 문제들이 우리 아이들에게 다가오고 있습니다. 아이들이 이런저런 문제와 그에 따른 실패에 실망해서 자신의 자존감을 스스로 무너뜨린다면 얼마나 안타깝습니까.

아이들이 삶에 대한 긍정적 의지와 함께 '지금 원하는 것은 무엇이든 하고 싶다'라는 바람을 늘 간직하길 바랍니다. 레몬을 보고도 레모네이드를 꿈꿀 줄 아는 그런 자존감, 그것이 자녀들에게 가득할 수 있도록 도와주는 것이 우리 부모들의 역할입니다. 아이들이 지독할 정도의 긍정성을 갖고 세상에 대해 '늘 이겨낼 수 있는 그 무엇'으로 보면서 자기의 생각과 의견을 아낌없이 표현할 수 있기를 기대합니다.

지금 우리 아이들은 학교에서 그리고 학원에서 많은 지식을 습득해냅니다. 하지만 배움이 배움 자체로 끝난다면 아쉽습니다. 배운 내용을 인생에서 그리고 사회에서 응용할 수 있으면 좋겠습니다. 이때의 '응용'이란 곧 표현입니다. 예측하지 못한, 미지의 상황에 닥쳐서도 자기의 생각과 감정을 적절하게 표현할 줄 아는 아이라면 그건 앞으로의 세상을 살아가는 데 있어서 든든한 무기를 갖고 있는 것이나 마찬가지일 테니까요.

영어로 '표현하다'를 'Express'라고 하는데 그 어원은 라틴어의 'ex(밖)'과 'press(밀어내다)'에서 왔다고 합니다. 자신을 사랑하고 세상을 당당하게 마주할 줄 아는 우리 아이들이 긍정적 정서를 마음에 담고 겁내지 말고 용기를 내어 자신의 의견이나 아이디어를 세상 밖으로 표현했으면 합니다. 제 아이들도, 그리고 여러분의 자녀도.

표현력을 배울 때
우리 아이의 '공부 지능'도
성장합니다

'마켓 컬리'를 창업한 김슬아 대표는 한 강연에서 성공 비결을 "매일 하루에 하나씩 문제를 해결해나간 것"이라고 말했습니다. 광고 업계에서 잘나가는 리더로 인정받는 다른 한 분은 "어떻게 하면 창의적인 사람이 될 수 있느냐?"는 질문에 "오늘 당신이 하려고 계획했던 일을 잘하면 됩니다"라고 대답하기도 했고요.

저는 이분의 말속에서 '작은 것' 하나부터 오늘 당장 깔끔하게 처리해나가는 것의 아름다움을 느꼈습니다. 관계건 일이건 아니면 그 무엇이건 우리의 미래를 만드는 건 다가올 시간에 대한 거창한 계획이 아니라 오늘 당장 우리에게 닥친 작은 일들을 얼마나 꼼꼼히 해결하느냐에서 시작한다는 것이죠.

당신의 아이가 표현을 잘하기를 바라십니까? 그렇다면 오늘 하루, 아이의 표현 속에서 아름다움을 발견하고, 그것을 긍정하며, 격려하면서 조금씩 개선하려는 노력에 함께 시간을 보내시기 바랍니다. 특히 표현력은 아이들의 공부 지능을 높이는 힘이 되기도 합니다. 표현을 잘할 줄 알면 공부도 잘합니다.

누군가에게 표현한다는 건 무엇인가를 얻기 위함이고 이를 위해서 자기 생각을 잘 말하려면 논거가 필요한데 그 논거를 파악하는 과정이 자녀의 학습 능력을 높여주기 때문입니다. 논거는 거저 얻어지는 게 아님은 당연합니다. 말 한마디를 하기 위해서라도 자기가 하는 말이 타당한지, 공정한지, 그리고 믿을만한 것인지를 늘 확인하는 습관이 생긴다면 표현력이 좀 더 세련될 것입니다.

공부 잘하는 아이들은 내가 아는 것과 모르는 것을 정확히 구분할 줄 알고, 내가 얼마나 알고 모르는지를 판단합니다. 그래서 모르는 것은 찾아보고 질문하여 아는 것으로 바꿉니다. 어떤 것에 대해 표현을 할 때 대상에 대한 정보가 부족하면 글을 술술 쓸 수 없습니다. 그러니 표현을 잘하기 위해서라도 자신의 부족한 부분을 채우기 위해 공부를 더 할 수밖에 없습니다.

"이순신 장군의 거북선에는 어떤 종류가 있는지 알아?"

"우리가 마시는 생수병이 썩어 없어지려면 얼마나 기간이 지나야 하는지 모르지?"

이순신 장군에 대해 알아야 하고, 플라스틱의 수명주기를 알아야 말할 수 있는 것들입니다. 이렇듯 자신이 말하기 위해서는 공부해야 하고, 익혀야 하며 그렇게 말할 수 있어야 하기에 표현력을 높인다는 건 '공부 지능'과 직결될 수밖에 없습니다. 지성은 공부하는 과정에서 공부 지능의 기능을 사용하면서 발달합니다. 하지만 아무리 학습해도 그것이 적절한 표현으로 이어지지 않는다면 우리 아이의 공부 지능이 개발되기를 기대하는 건 어렵게 됩니다.

물론 지금까지의 교육이 암기 위주의, 입시 위주의 공부 지능 그 자체를 개발시키는 시스템이었음을 인정합니다. 정보 읽기, 암기, 복습 위주의 학습만 반복하여 실질적으로 사고력과 표현력을 키우기에는 역부족이었습니다. 하지만 그렇다고 해서 그냥 부모님들이 손을 놓고만 있을 수는 없을 겁니다. 우리 아이의 공부 지능을 위해서라도 표현력을 높이는 방법을 우리가 고민해야 합니다.

저는 우리 부모들이 자녀의 표현력 향상을 위해 딱 하나만이라도 실천했으면 좋겠습니다. 그것이 공부나 학교생활에 도움이 되는 방법이면 더 좋을 것이고요. 무엇이 있을까요. '매일 글쓰기'는 어떨까요. '매일 말하기'도 좋겠지만 이는 기록에 남기기도 힘들고 또 함께 모이지 못하는 상황도 있으니 글쓰기를 통해 보완하

자는 것입니다.

물론 우리 아이들이 처음부터 글을 잘 쓸 수는 없을 겁니다. 아니 꽤 오랜 시간 아이들의 글쓰기가 지속되어야 할지도 모릅니다. 하지만 매일 쓰다 보면 글쓰기에 대한 두려움이 줄어들고 자신이 아는 것을 어떻게 표현하면 효과적일지 고민하는 과정에서 표현력이 좋아질 겁니다. 아이들이 자신의 감정, 예를 들어 기쁘거나 슬프거나, 화나는 등의 다양한 감정을 느낄 때 글을 쓰면서 자신을 되돌아보면 더욱 좋겠습니다.

애플리케이션을 활용하는 것도 괜찮습니다. 예를 들어 '세줄일기'라는 애플리케이션이 있습니다. 딱 세 줄만 쓸 수 있고 사진 한 장을 올릴 수 있는 거죠. 글이 모이면 자체적으로 출판도 지원해줍니다. 예를 든다면 이런 글을 쓸 수도 있지 않을까요?

#진짜내편

내가 좋아하는 누군가가 나를 좋아해 주는 것

그것이 진짜 친구, 그리고 우정

세 줄이니 부담도 없을 겁니다. 자기 혼자만 볼 수도 있으니 얼마든지 자기의 생각과 정서를 표현할 수도 있고요. 글을 쓴다는 건 말하는 것과는 조금 다른 차이가 있습니다. 특히 자신의 감정을 적는 과정 중에 뇌의 감정 조절 부분이 더 왕성한 활동을 해 일기를 쓰는 것만으로도 마음이 차분해지고 행복감을 느끼게 될 수 있습니다.

미국 오스틴의 텍사스 대학교에서 진행한 연구 결과에 따르면, 하루 15분씩 4일 연속으로 개인의 트라우마나 사소한 주제에 대해 글을 쓴 학생들은 6개월 후 다른 그룹의 학생들보다 대학교의 심리 상담 센터 방문 수와 진통제 처방 횟수가 현저히 낮았다는 연구 결과가 있다고 하더군요. 이럴 때 가장 쉽고 또 적은 비용으로 일상의 행복을 밖으로 표현하는 일기 쓰기는 괜찮은 방법입니다.

디지털 세상입니다. 우리 아이들의 말 하나, 그리고 글 하나가 이제는 박제되어 평생을 따라다닙니다. 거칠고 왜곡된, 아직은 설익은 아이들의 생각이 잘못하여 말이나 글로 표현되지 않도록 하기 위해서라도 매일 글쓰기를 통해, 그 과정에서 부모의 적절한 지도를 통해 우리 아이의 말투가 부메랑이 아닌 축복이 될 수 있도록 도와주어야 합니다.

그뿐인가요. '부끄러워서 말하기 힘들어'라고 고민하는 자녀가 용기를 갖고 세상에 자기의 생각과 감정을 표현할 수 있도록 격려해야 함도 물론입니다. 우리 아이들이 앞으로 자신의 삶을 살아감에 있어 그 무엇보다도 중요한 하나의 무기를 갖게 되는 셈이기 때문입니다. 그러니 우리 아이들이 잘 표현할 수 있게 도와주세요. 부모의 독창적 노력이든, 아니면 이미 세상에 나와 있는 애플리케이션의 기능을 이용하든 관계없이요.

생각과 감정을 표현하는
바로 그 순간,
우리 아이의 행복과 불행이 결정됩니다

직장이나 모임 등 한 공동체에 속한 어른들을 신바람 나게 만드는 것 중의 하나는 참여를 통한 정보의 공유와 그것을 기반으로 한 발언권이 아닐까 합니다. 참여는 결국 한 공동체의 경쟁력이 됩니다. 전체 구성원의 요구가 반영될 수 있는 참여적 의사소통 시스템을 갖춘 조직은 건강하고 경쟁력이 향상됩니다.

하지만 발언권을 지녔다고 해서 아무렇게나 말하는 것에 익숙한 사람만 가득하다면? 무심코 건넨 말 한마디로 상대방이 상처를 받는 것이 일상화되어 있다면? 생각 없이 쓴 글로 인해 조직의 누군가가 피해를 본다면? 아무리 표현의 자유가 허용된다 해도 이는 용납할 수 없는 일입니다. 표현에 있어서도 지켜야 할 규칙이 있습니다.

아이들도 마찬가지입니다. 어쩌면 어른들의 말과 행동보다 아이들의 표현이 더욱 중요할지도 모르겠습니다. 자신의 말과 글이 지니는 영향력을 인식하지 못한 채 함부로 하는 말들이 세상 어딘가에 박제되어 결정적인 순간에 아이에게 부메랑으로 돌아오는 경우들을 많이 보기 때문이죠.

예컨대 '패드립(패륜 드립)', '섹드립'이 재밌다면서 함부로 SNS에 글을 올리는 아이들이 있습니다. 친구에 대한 차별 그리고 혐오 표현을 아무렇지도 않게 자신의 SNS에 올렸다가 먼 훗날, 아니 가까운 미래에 자신의 앞길을 막게 되는 참사를 아이들이 인식하지 못하는 경우가 많습니다. 특히 남학생들의 경우 초등학교 고학년 혹은 중학교에 이르러 남자들끼리의 관계에서 단지 강해(?) 보이려고 누군가를 향해 모욕적인 언행을 하는 경우가 흔하다고 합니다. 함부로 했던 혐오 표현이 자신에게 부메랑으로 돌아올 것을 모르는 겁니다.

타인을 배려하는 말을 학습해야 함에도 아이들이 미처 이를 배우지 못하고 표현하지 못하고 있다면 우리 부모들이 바로잡아주어야 합니다. 별거 아닌 말도 함부로 하지 못하도록 고쳐 잡아야 합니다.

예를 들어 볼까요. 체육 시간에 민정이가 나오지 않았습니다.

왜 안 나왔지? 궁금하던 준희는 예전에 민정이가 운동을 싫어한 다고 말했던 걸 기억하고 오직 짐작만으로 친구 명수에게 말합니다.

"체육이 싫어서 안 나왔나 봐."

마침 체육을 진행하시던 선생님이 "민정이가 안 보이네?"라고 말씀하셨고 이에 명수는 준희의 이야기에 자신의 추측을 더해 이렇게 말해버립니다.

"체육 선생님이 싫어서 안 나온대요."

알고 보니 민정이는 체육 시간 직전 계단에서 발을 헛디뎌 병원에 간 거였습니다. 단순히 준희의 착각, 명수의 섣부름이라고 하고 끝날 수 있는 문제일까요. 신중하게 말하지 않는 것, 이로 인해 누군가에게 불리한 이익을 주는 건 일종의 범죄행위나 다름없습니다. 자녀들이 자신이 잘 알지 못하는 부분을 성급하게 추측하거나 판단하여 함부로 말하고 있다면 교정해줘야 합니다. 그래야 아이들도 자기 주변과의 관계를 아름답게 만들어갈 수 있습니다.

사실 '인간관계'는 어른들의 것만이 아닙니다. 우리 자녀들도 이미 학교라는 사회 속에서 키워나가고 있습니다. 인간관계를 잘 맺는 능력, 이건 선천적인 본성 이외에 후천적인 훈련을 통해 성장시킬 수 있는 개인적 역량입니다. 그렇다면 인간관계는 무엇으로 형성되는 걸까요? 그건 '언행言行'입니다. 어린아이라고 해서 말과 행동까지 어리석은 걸 그냥 "오냐오냐" 하면서 바라볼 수만은 없는 이유죠.

마음에 간직하고 있다면 그건 '뜻'입니다. 그걸 입 밖에 내면 '말'이 됩니다. 말이라는 것은 영예와 치욕의 관건입니다. 사람과의 관계를 친밀하게도 하고 멀어지게도 하는 중요한 조건이 됩니다. 이미 우리 부모들은 잘 알고 있는 바로 이 사실을 우리 아이들도 절실하게 깨달아야 합니다.

세상의 모든 문제는 마음에 간직한 걸 입 밖에 표현하는 순간에 발생합니다. 뜻이 말로 전환되는 순간 이제 그 마음에 간직했던 것은 세상과 정면으로 만날 수밖에 없습니다. 세상과 마주하는 순간, 표현으로 드러난 아이들의 생각과 감정은 평가의 대상이 됩니다. 인간관계를 좌우하는 이유가 되는 거죠. 그러니 아이들의 표현이 자신의 가치를 훼손시키게 놔둘 수는 없습니다.

아이들이 말의 양量을 늘려야 하는 건 당연합니다. 하지만 무작정 말을 많이 하는 것보다는 조심해야 할 것도 잘 알려주어야 합니다. 사실 말이라는 건 '하는 것'보다는 '하지 않는 것'에 강조점이 찍히게 마련이니까요. 말을 함으로써 생기는 인간 세상의 그 수많은 갈등이 얼마나 많은지는 우리 부모들은 이미 잘 알고 있습니다.

당신의 자녀가 '버릇없다'는 말을 듣고 싶지는 않을 겁니다. 이왕이면 세상의 규칙을 잘 지키는 예의 바른 아이로 키우고 싶을 겁니다. 그렇다면 일종의 '가훈家訓'처럼 아이들에게, 아니 아이들과 함께 집에서 그리고 세상에서 아이들이 조심해야 할 '말하기 규칙'을 만들어보는 건 어떨까요. 예를 들면 다음과 같이요.

우리 집 말하기 규칙

첫째, 말을 하기 전에 한 번 더 생각해보자
둘째, 남의 아픈 곳을 말하지 말자
셋째, 장난하는 말을 하지 말자

거창할 필요도 없고 열 개, 스무 개가 필요한 것도 아닙니다. 아이들이 꼭 기억해야 할 서너 가지만 구체적으로 정리해서 늘

기억할 수 있도록 한다면 아이들은 자신의 잘못된 표현, 예컨대 남에 대한 험담, 잘 알지도 못하면서 섣불리 하는 말, 장난스럽게 하는 말 등으로써 결국엔 자기 자신을 힘들게, 혹은 위험에 빠트리게 하는 언행을 조심하는 것에 큰 도움을 얻을 수 있지 않을까 합니다.

말뿐일까요. 글도 그러합니다. 확인되지 않은 누군가의 글을 읽고 그것을 그대로 받아들여 다른 사람에게 전달하는 행위는 단순히 윤리적 문제로 끝나는 게 아니라 법적인 처벌의 상황에 이르기도 합니다. 아이들이 어렸을 적부터 말과 글에 있어서 지켜야 할 최소한의 규칙을 스스로 만들고 지켜나갔으면 합니다.

거짓이 없는
참된 마음을 아름답게
표현하는 법

저는 직장 생활을 오래 했습니다. 직장인의 커뮤니케이션 수단은 보고이고 또 보고서라는 것쯤은 모두 아실 겁니다. 그렇다면 보고 혹은 보고서의 본질은 무엇일까요. 저는 이렇게 생각합니다. '보고서의 완성도를 결정하는 사람은 내가 아닌 보고서를 읽는 사람'. 이런 개념만 잘 갖고 있어도 보고서 때문에 문제가 생길 일은 없을 거라 생각합니다.

그렇다면 보고 혹은 보고서에 있어 중요한 키워드로는 무엇이 있을까요. 크게 두 가지가 있는데, 첫 번째 키워드는 '정직'입니다. 보고서를 읽는 사람이 가장 싫어하는 것 중의 하나가 '거짓 보고'입니다. 문제를 해결하는 방법, 성과를 얻어내는 창의적 도구

등을 찾는 것도 중요하지만 그보다 더 중요한 건 보고서에 거짓이 있어서는 절대 안 된다는 것이죠.

자료의 정확성을 검증하는 건 보고서를 쓰는 사람이 해야 할 가장 중요한 임무입니다. 참인지 거짓인지에 대한 여부까지 보고서를 읽는 사람에게 미룬다는 건 보고자의 태도로서 부적절한 것이죠. 최근에는 가짜 뉴스에 대한 문제도 많은데 이에 대해서도 고민해야 합니다. 그저 '인터넷'에서 검색했다고 해서 잘못된 정보의 표현이 무죄가 되기는 힘드니까요.

다음 키워드는 '눈높이'입니다. 보고하는 사람의 언어로 보고서가 작성된다면 그건 실패입니다. 상대방이 읽고 이해할 수 있어야 합니다. 상대방이 이해하지 못한다면 그건 전적으로 보고서를 쓴 사람의 잘못입니다. '윗사람이 알아듣기 쉽게 보고서를 쓰다 보니 8살 아들도 이해했다'라는 누군가의 한탄이 답답하긴 하지만 '상대방의 눈높이에 맞췄다'라는 점에서 바람직한(?) 경험입니다.

참고로 모르는 용어를 보고서에 써서는 안 됩니다. 예를 들어 '약자略字'를 쓰려면 그 용어를 제대로 알고 써야 하는 게 예의입니다. 개인적인 이야기이긴 하지만 제가 과장으로 일하던, 십여 년 전의 일이 기억납니다. 임원께서 저를 부르셨습니다. 재직 중이던 회사의 서비스 중에 하나를 설명해달라는 거였죠.

저는 나름대로 해당 서비스를 잘 파악하였고, 또 그것을 통해 대형고객도 꽤 수주한 터여서 그 서비스의 전문가로 이름이 있었기에 그러셨던 겁니다. 회의실에서 화이트보드에 네트워크 구성을 그려가면서 '잘난 체'를 하고 있었는데 문득 임원께서 물으셨습니다. "그런데 김 과장, 'CDN' 그게 뭐의 약자인가요?"

갑자기 말이 콱 막혔습니다. "그게 저… 'C'는 '콘텐츠'의 약자고, 'D'는…." 질문에 바로 답을 못하고 허둥대고 있을 때 임원께서 말씀하셨습니다. "마음 편하게 말해도 됩니다. 괜찮아요. 다만 앞으로 혹시 누군가에게 보고하거나 보고서를 쓸 때 모르는 용어는 그냥 쓰면 안 됩니다. 머리에 확실히 각인되었을 때만 사용하고 잘 모르겠다면 보고서 쓸 때 괄호치고 '풀네임'을 적어 두세요."

그때 참 부끄러웠습니다. 말이 길었네요. 요지는 정직과 눈높이를 우리의 표현에 그리고 우리 아이들의 표현에 담아야 한다는 겁니다. 아이들 역시 '나의 정직', 그리고 '상대방(친구, 선생님, 그리고 부모님)의 눈높이', 이 두 가지를 늘 생각하면서 이야기할 줄 알아야 합니다. 단, 정직에 관해서 우리 아이들이 조심해야 할 게 있습니다.

자신의 의견이 솔직하다고, 분명히 확실한 사실이라고 해서 함부로 내가 옳다고 표현해서는 안 됩니다. '내 말이 사실이잖아. 아닌 걸 아니라고 하는데 뭐가 문제인 거야?'라는 태도는 친구를 잃게 되는 계기가 되기도 하니까요.

예를 들어볼까요. 친구가 물어봅니다.

"오늘 집에 갈 때 같이 가자!"

마침 그 친구, 어제 우리 자녀와 다투었습니다. 친구는 집에 가면서 자신의 미안함을 말하려고 했던 거죠. 그런데 이때 우리 자녀가 아직 화가 풀리지 않은 상태에서 자신의 감정을 있는 그대로 드러낸다면?

"무슨 소리야? 싫어. 내가 너와 왜 함께 가야 해? 난 아직도 화가 안 풀렸단 말이야!"

과연 이후에 자녀와 친구 간의 관계는 어떤 방향으로 흐르게 될까요. 생각하기도 싫습니다.

정직, 솔직함, 있는 그대로… 물론 중요합니다. 하지만 우리 아이의 모든 표현에는 '상대가 기분 상할 거 같은 말은 하지 않는다'라는 기본적인 예의가 전제되어야 합니다.

좀 더 예를 들어볼까요.

"너 머리, 왜 그래? 찐따 같아."

"그것도 못 해? 겁쟁이구나!"

"국어 점수가 형편없네? 포기해!"

물론 이 말이 사실일 수도 있습니다. 친구가 정말 찐따일 수 있고, 국어 점수가 형편없이 엉망일 수도 있습니다. 이때 우리 아이가 가감 없이 자기 머리에 있는 선입견이나 생각을 정직(?)하게 표현한다면? 표현이 폭력이 될 때 우리 아이들에게 큰 해가 될 수도 있음을 가르쳐줘야 하는 게 부모의 의무입니다.

아이의 표현이 정직을 넘어 예의에 어긋난 경우가 있다면 교정해주세요. '그럴 땐 이렇게 말해야지?' 라고 다독이면서 말입니다.

"너 머리, 왜 그래? 찐따 같아." → "괜찮은데? 왜 그래?"

"그것도 못 해? 겁쟁이구나!" → "괜찮아. 나도 무서웠어!"

"국어 점수가 형편없네? 포기해!" → "원래 국어 어려워. 나도 어려웠어. 진짜."

사랑하는 우리 아이들이 상대를 잘 관찰하고 예의를 갖춘 상태에서 자신의 진심을 표현할 수 있기를 바랍니다. 세상 모든 소통의 시작은 상대방과의 교감인데 이때 교감의 전제는 당연히 진심입니다. 단, 그 진심의 표현에 있어서 우리 아이들이 조심하기를 바랍니다. 거짓이 없는 참된 마음도 중요하지만 모든 정보를 있는 그대로 무작정 표현하는 것만이 해결책은 아니니까요.

PART 2

말하기도 기술이다

자녀의 표현력을 위해 부모가 도와줘야 하는 대화의 3단계

　표현을 하는 것도 일종의 기술입니다. 기술이기에 훈련으로 극복 가능한 것이고요. 표현력을 높이기 위해서는 어떤 방법으로 접근해야 할까요? '익숙해짐', 이게 결국 하나의 키워드가 될 것 같습니다. 경험을 쌓는 것이 훈련인 겁니다. 그렇다면 자녀의 표현력 향상을 위해 어떤 것을 훈련의 대상으로 삼을 수 있을까요?

　우리가 말을 하는 이유는 뭔가 문제를 해결하기 위함입니다. 그렇다면 부모가 자녀의 관심사를 하나의 주제로 삼아 이야기를 나누어보면 어떨까 합니다. 무의미한 이야기로 자녀와 말하기를 하려는 시도보다는 훨씬 나을 테니까요. 다음의 3단계를 기억해두세요.

자녀와 이야기를 나누는 3단계 전략

[1단계] **자녀가 학교에 다니면서 최근 겪었던 문제 하나를 선택하도록 합니다.**

그 어떤 것도 좋습니다. 이때 절대 자녀가 말하는 문제를 우습게 여겨서는 안 됩니다. "친구가 자기 신발을 자랑해서 화가 났어요. 그것 때문에 친구랑 다퉜어요. 그리고 친구와 조금 멀어졌어요"라는 문제를 이야기했다고 합시다. 여기에서 절대 그 문제의 타당성을 고민할 필요는 없습니다. 우리는 지금 자녀의 표현력을 높여주고자 함이 목적이니까요. 자녀의 눈높이에서 그 고민을 진심으로 이해하고 받아줘야 합니다.

[2단계] **그 문제에 대해 그렇게 생각한 이유, 즉 자녀의 생각과 감정을 말할 수 있도록 격려합니다.**

자녀의 생각과 감정에 대해 절대로 '옳다' 혹은 '그르다'라는 잣대로 판단해서는 안 됩니다. 아이가 처한 상황을 적절히 고려했는지, 자신의 의견을 효과적으로 드러냈는지, 그것이 과연 상대방에게 공감이 가는 것인지를 느껴야 합니다. 그리고 격려하면 됩니다. "친구의 자랑 때문에 화가 많이 났구나." 여기에서 끝나면 됩니다. 이때 "그런데 말이야" 혹은 "그건 아니고…"와 같은 부정적 응답으로 말을 이어가려 하지 마세요.

[3단계] **자녀가 부모에게 제시한 말에 대해 함께 의견을 나눕니다.**

부모만이 아닙니다. 형제자매가 있다면 그 누구라도 참여할 수 있다면 더욱 좋습니다. 말하기란 결국 익숙함의 결과입니다. 많이 표현하고 많이 드러내고… 이 과정에서 말하기에 자신을 갖게 된다면 결국 이는 세상 그 누구와도 말을 잘 할 수 있는 용기의 근원이 됩니다. 아이가 화를 낸다면 그걸 있는 그대로 받아주세요. "왜 화를 내? 소리 지르지 마!"라고 하기보다는 "엄마, 아빠에게는 조금 부드럽게 얘기해 줄 수 있겠지?"라며 대화를 이어가는 것도 괜찮겠습니다.

오직 자녀가 처한 부정적 문제에 대해서만 대화를 할 이유는 당연히 없습니다. 부모와 자녀 간의 대화 소재는 다양합니다. 자녀가 가장 좋아하는 걸 선택할 수도 있습니다. 아이 자신이 가장 좋아하는 것에 대해서 대화를 나누게 되면 더 신바람이 나서 이야기할 수 있습니다. 자녀가 가장 말하고 싶은 키워드를 하나 골라 – 그게 만화 캐릭터이건, 좋아하는 음식이건 관계없이 – 즐겁게 이야기할 수만 있으면 됩니다.

대화가 시작되었다면 이제부터 자녀의 표현력을 좌우하는 건 부모의 역할입니다. 무조건적 긍정을 통해 그 누구와도 긍정적, 적극적으로 표현할 수 있어야 합니다. 이때 부모와 자녀가 대화를 나누면서 염두에 두어야 할 몇 가지 규칙을 설정해두면 좋습니다.

나는 아이의 문제의식에 – 혹은 관심 주제에 – 공감하는가?

공감했다면 그 이유는 무엇인가?(향후 아이와 대화할 때 강화해야 할 요소)

공감하지 않았다면 그 이유는 또 무엇인가?(향후 아이와 대화할 때 조심해야 할 요소)

이때 '공감의 이유'가 '공감하지 않은 이유'보다 3배 이상 많을 수 있도록 귀를 열어두셔야 합니다. "~를 하지 마라"가 아니라 "~를 해라"라고 말하는, 즉 긍정적 대안의 대화를 이어나갈 수 있을 때 우리 아이는 어느새 자기의 생각과 감정을 당당하게 표현할 수 있을 테니까요.

발표 잘하는
내 아이로 만드는
3단계 말하기 공식

말하기는 이제 현대인의 대표적 역량이 되었습니다. 현대 사회에서는 공적인 상황에서 자신의 의견을 듣는 사람에게 효과적으로 전달하는 능력이 필수입니다. 우리 아이들도 자기 생각을 효과적으로 전달하는 법을 배워야 합니다. 자, 친구들 앞에서 하나의 주제로 발표하게 된 우리 아이, 어떻게 해야 할까요?

'딱히 말할 게 없는데…'라고 고민부터 나오는 게 우리 아이들의 걱정일 겁니다. 발표라고 하면 '나를 지켜보는 눈의 개수'만큼이나 정서적으로 불안하다고 호소하는 자녀들도 꽤 됩니다. 시작은 결국 발표할 주제에 대한 앎일 것입니다. 발표란 내가 아는 것을 정리해서 공적으로 말하는 것이기에 남보다 더 안다는 걸 전제로 하는 것이니까요.

최소한의 지식을 갖추었다면 이제 발표에 있어 어색해하지 않을 준비를 해야 합니다. 여기서부터는 훈련의 영역입니다. 발표에 있어 선천적으로 적성에 맞는 자녀도 있겠지만 그렇지 않은 아이라도 연습만 한다면 능숙하게 발표할 수 있습니다. 물론 처음에는 실패하더라도 그것 역시 발표를 더 잘하기 위해 겪어야 하는 과정이고 경험이라 생각해야 하겠죠.

이제 발표의 현장에서 우리 아이들이 어색해하지 않으면서 편하게 자기 생각을 상대방에게 말할 수 있는 방법을 알아볼 차례입니다. 환경문제를 예로 들어 3단계 말하기 공식을 소개하겠습니다.

발표 잘하는 내 아이로 만드는 3단계 말하기 공식

[1단계] 시선 사로잡기

시선을 끌어야 합니다. 우리 아이들이 자신의 발표 시간만큼은 무대의 주인공이 되어야 합니다. '무엇을 말할까'를 고민하기 이전에 발표에 나서자마자 "나를 봐달라고!"라고 말할 줄 아는 자녀가 되어야 하는 거죠. 이때, 관심을 유발하는 말을 할 수 있어야 합니다. "우리가 먹는 생선에 미세플라스틱이 들어 있다고 합니다" 정도면 어떨까요?

[2단계] 주장을 말하고 근거를 제시하기

긍정적인 방향으로 자신의 주장을 말할 수 있어야 합니다. "일회용 컵을 사용하는 대신 각자의 컵을 들고 다닌다면 우리가 조금이나마 힘을 주는 일이 됩니다"와 같이 말이죠. 확신을 지니고 말하는 게 중요합니다. 발표라는 건 상대방이 발표자의 의견을 받아들이겠다는 것을 전제로 한 것인데 발표자 자신이 자기 의견에 대해 부정적이라면 발표 내용이 전달되기 힘듭니다.

해당 주장에 나오는 그 근거를 제시하는 것도 좋습니다. "미세플라스틱이란 플라스틱이 미세하게 분해된, 5㎜ 이하의 조각을 말합니다"라고 하는 거처럼 말이죠. 주장을 뒷받침하는 구체적 사례 하나만 이야기할 줄 알아도 발표를 듣는 친구를 설득하는 것에 한 걸음 더 다가서게 되는 것입니다. 이때 좀 더 아이들의 피부에 와닿게 설명해보는 것도 좋습니다. 예를 들어볼까요?

"바다에서 새우를 잡으시는 분의 말인데요, 최근에는 그물로 80㎏을 건져 올리면 새우는 3㎏뿐이랍니다. 나머지는 뭐냐고요? 플라스틱 쓰레기만 60㎏라고 합니다. 모두 우리가 무심코 버린 플라스틱이 바다로 흘러나가서 생긴 것이죠. 물고기들은 그걸 먹게 되고요. 물고기를 먹는 우리는… 과연 플라스틱의 위험으로부터 자유로울까요?"

[3단계] 무엇을 할지 제안하기

발표는 발표를 듣는 상대방이 그저 지식을 쌓게 하려는 게 목적이 아닙니다. 발표를 통해 알아낸 것을 어떻게 활용하느냐가 중요한 것이죠. 그러니 발표할 때 개념 설명 그 이상으로 구체적인 행동 지침을 제시하는 것이 발표를 풍성하게 만드는, 발표의 질적 수준을 높이는 포인트가 됩니다. 주장을 통해 말하고자 하는 바를 구체적인 행동의 모습으로 말해주면 좋은 것입니다.

"오늘도 우리가 편의점에서 사서 마시는 생수병도 플라스틱으로 만들어졌다고 합니다. 우리 학급에는 정수기가 마련되어 있습니다. 사용하고 나서 씻느라 불편하긴 하지만 우리부터 각자의 컵을 마련하여 물을 마실 때 사용하는 것, 이것에서부터 우리의 환경문제를 해결하는 노력이 시작되는 것 아닐까요?"

어른의 말하기는 보통 기승전결 혹은 서론, 본론, 결론으로 구성됩니다. 사실 우리의 아이들 발표도 비슷한 프로세스입니다. 다만 기승전결 등의 용어가 낯설기에 아무래도 아이들이 받아들이기가 어렵습니다. 따라서 위와 같이 3단계의 과정을 발표의 프로세스로 이야기해주면 어떨까 합니다. 하나 더 팁을 드리겠습니다. 아이에게 늘 '당당하게' 라는 네 글자를 각인시켜주세요. 발표자가 주눅 들면 듣는 친구들이 지루해지니까요.

교실에서 발표할 때 교실 제일 뒤에 있는 친구도 들을 수 있는 큰 목소리로, 정면을 주로 보되 좌와 우를 살피면서, 그리고 이왕이면 미소를 입가에 띄우면서 말할 수 있도록 연습하는 것이죠.

처음부터 잘할 수는 없을 겁니다. 하지만 발표 기회를 회피하지 않고 실수를 성공의 디딤돌 삼아 노력한다면 어느새 우리 아이들도 발표 하나만큼은 '끝내주는' 초등학생이 되어 있을 겁니다.

자녀의 표현력을 키워주는 '하루 30분 부모-자녀 대화법'

아이들은 학교에서 말하기를 배우기가 쉽지 않습니다. 더군다나 2년 이상의 팬데믹 기간에 온라인으로 수업을 해야 했던 아이들은 누군가와 직접 얼굴을 마주하고 생각과 감정을 표현하는 데 서툴러졌습니다. 얼굴을 마주하면서 누군가에게 자기의 생각과 감정을 전달하는 연습을 하지 못했기에 말하는 게 어색합니다.

문제는 여기서부터입니다. 후천적으로 훈련을 받아야 하는 우리 아이의 표현력은 '해보지 않았기에' 말 그대로 사장되어 버리고 말았습니다. 그뿐인가요. 훈련이 안 되어 잘하지 못하는 걸 자신의 성격 탓이라고 하면서 스스로 포기하기도 합니다. '말하기가 두려워', '왜 안 되는 거지?'라고 고민한 결과가 자기 성격 탓으로 이어진다면 세상을 향해 자신을 드러내는 것이 더욱 어려워질 수밖에 없습니다.

부모님의 도움이 필요한 때입니다. 아이들이 자신감 있게 자기를 표현하도록 격려하는 훈련은 집에서 할 수 있습니다. 무엇부터 도와줘야 할까요? 대단한 걸 도와주려고 하지 않아도 됩니다. 그저 들어주기만 해도 됩니다. 아이의 말과 행동을 사랑스럽게 듣고 또 바라보는 것이죠. 그렇습니다. 아이의 일생에 걸쳐 부모가 줄 수 있는 최고의 선물은 '듣는 기술'입니다.

아이의 말하기를 가장 가깝게, 가장 편하게 들어줄 수 있는 집에서 부모가 아이의 말에 귀를 기울이는 태도만 잘 보여도 아이는 자기의 생각과 감정을 표현함에 힘을 얻게 됩니다. 자기 말을 잘 들어주는 부모를 보면서 아이는 자기의 표현을 세상 밖으로 내보내게 됩니다. 이 과정이 반복되면 경험이 되는 것이고, 경험이 쌓이면 자신감이 생깁니다. 결국 자기표현에 익숙해질 것이고요.

물론 어른의 경험과 아이의 경험은 다릅니다. 그러니 아이의 표현을 있는 그대로 인정해주는 게 어려운 건 당연합니다. 한때 아이였지만 그 시절을 기억하기 힘든 부모에게는 어려운 일일 겁니다. 아이의 표현을 받아주는 것 자체가 어쩌면 '나와 다른 타인에 대한 이해'를 전제로 하는 것이니까요.

하지만 조금만 노력한다면 이러한 차이는 차별이 아니라 서로의 부족한 점을 메워주는 그 무엇이 될 수도 있습니다. 자녀와 부모 간의 관계와는 다르긴 하지만 남편과 아내 간의 관계에 있어 서로 다른 점을 잘 극복하고 있는 한 아내의 말을 들은 적이 있습니다.

"저는 남편하고 성향이 달라요. 저는 결과 혹은 목표 지향적이면서도 말하는 걸 그다지 좋아하지 않는 스타일이고, 남편은 과정을 보다 중요시하고, 상대방과 커뮤니케이션하는 걸 좋아하는 스타일이라 정반대에요. 신호등으로 치면 저는 주황색 불이고, 남편은 빨강 초록을 계속 왔다 갔다 하는 거죠. 전에는 이게 이 사람은 왜 이런가 했는데 둘이 다르니까 보완이 되는 부분이 있는 거라고 요즘에는 조금씩 느끼게 됩니다."

'서로 다름'을 '더 나은 보완'으로 해석하는 아내의 현명함이 아름답습니다. 이런 분을 엄마로 둔 아이라면 표현력도 풍성하지 않을까 합니다. 자기의 생각과 감정은 상대방을 향해 가슴을 여는 것부터 시작되는 것인데 남편에게 마음을 열고 말하는 아내 즉, 엄마를 보면서 아이는 어떻게 상대방에게 말해야 할지를 제대로 배우는 셈일 겁니다.

부부간에 각자 이야기에 귀를 열심히 귀를 기울여주면서 한편으로 아이의 말에 관심을 두는 부모는 아이에게 최고의 선물을 주는 것과 같습니다. 아이가 자기의 생각과 감정을 자신 있게 표현할 수 있는 자신을 갖게 만드는 것이 될 테니까요. 자기를 있는 그대로 보여줄 때 그것을 수용하고 인정하며 격려해주는 부모가 위대한 이유입니다.

커뮤니케이션 전문가들이 공통으로 하는 말이 있습니다. 말하기보다 더 중요한 것이 듣기라는 것이죠. 듣기를 잘하는 것을 '듣기력'이라고 해야 한다는 말조차 나오는 이유입니다. 그렇다면 어떻게 자녀가 말하는 걸 들어줄 수 있을까요? 그 방법을 아래에서 찾아보기로 합니다.

하루 30분 부모-자녀 대화법

[1단계] 부모와 자녀가 하나의 주제를 두고 이야기를 시작한다.
[2단계] 부모와 자녀 각각 3분씩 말하는 것을 5회 반복한다.

하루 30분이면 됩니다. 30분… 사랑하는 자녀를 위해 하루에

30분도 투입하지 못해서야 하겠습니까. 자, 이제 30분의 시간을 보냈다면 과연 그 결과는 어땠는지 궁금합니다. 하나만큼은 확실합니다. 아마 그동안 몰랐던 아이의 마음에 대해 많은 걸 알게 되었을 겁니다. 대화 중간에 아이의 말을 끊고 말하려는 욕심이 나오는 걸 참아내기가 힘드셨겠지만 이런 부모의 노력이 아이들의 표현력 향상에 큰 도움이 됩니다.

참고로 '하루 30분 부모-자녀 대화법'에서 부모에게만 적용되는 별도의 규칙도 한번 확인해보십시오. '자녀와 대화할 때 부모가 지켜야 할 3가지 규칙'이 그것입니다.

자녀와 대화할 때 부모가 지켜야 할 3가지 규칙

[규칙 1] 중간에 아이의 말을 자르거나 끼어들지 않는다

[규칙 2] 아이가 말할 때 딴짓을 하지 않는다. (상대방이 말할 때 다른 곳을 보는 행위 등)

[규칙 3] 아이의 말에는 일단, 무조건적 긍정으로 반응한다. (고개를 가로젓는 행위 금지 등)

자녀의 표현력을 오직 말하는 것에 한정하여 말하지 말아주세요. 말 잘하는 사람에게 박수를 보내고, 현란한 말장난에 찬사를 던지고, 임기응변의 말하기에 능한 것이 표현력 모두는 아닙니다. 오히려 진정 아이들이 세상에 나가 인정받고 존경받기를 원한다면, 진정 똑똑하고 총명하기를 바란다면 말하기보다 듣기에 초점을 맞춰야 합니다. "대화의 첫 규칙은 듣는 것이다. 말하고 있을 때는 아무것도 배울 수 없다"라는 것을 우리 아이들도 알아차리기를 바랍니다.

좋은 친구를 만들고 싶은
내 아이가 기억해야 할 단어,
'타자他者'

《걸리버 여행기》, 조너선 스위프트가 쓴 명작으로서 걸리버의
환상적인 모험담을 통해 당대의 정치사회와 인간 문명을 통렬하
게 비판한 풍자문학입니다. 소설 속 이야기, 공중을 날아다니는
섬 '라푸타'에 관한 이야기도 그의 날카로운 풍자와 관련이 있습
니다. 걸리버가 '라푸타'를 방문합니다. 이곳엔 많은 철학자와 과
학자가 사는데 늘 사색에 몰두해 있습니다.

그런데 사색도 사색 나름이겠죠. 얼마나 깊은 사색에 잠겨 있
는지 기둥에 머리를 부딪치기도 하고, 낭떠러지에서 발을 헛디디
기도 하며, 길거리에서 누군가와 부딪히기도 합니다. 결국 이런
철학자와 과학자를 위한 사람, '주의 환기인'까지 존재합니다. 말

그대로 '주의'를 '환기'하는 사람들로서 이들은 자신을 고용한 주인의 발성기관이나 청각기관을 직접 건드려 말하게 하고 듣게도 합니다.

당연히 주인은 '주의 환기인' 없이는 한 발자국도 밖을 돌아다닐 수가 없습니다. 정작 자신의 삶과 직결되지 않는 공허한 논쟁, 예를 들어 지구의 종말 등을 놓고 끊임없이 논쟁을 벌이지만 정작 자신의 불안을 해소하지 못하는 모습이 우습습니다. 여기에서 교훈을 하나 얻습니다. "보이는 것에 집중할 줄 아는 것이 진정한 주의력이다."

여기에서 자녀의 표현력을 위해 필요한 하나의 힌트를 얻습니다. 우리 아이들이 자신을 표현하기에 앞서 그 표현을 들어줄 상대방을 바라볼 줄 알았으면 합니다. 앞에 그리고 옆에 있는 소중한 것에 집중하지 못하고 엉뚱한 것을 이야기하는 사람이 되지 않기를 바랍니다. 자기의 감정과 의견을 드러내기에 앞서 상대방의 말을 들을 때 흐트러진 태도를 보여주면 안 된다는 것을 알아야 합니다.

누군가를 잘 바라보고 또 누군가의 이야기를 들을 줄 안다는 것은 우리의 부모들이 그토록 자녀에게 갖기를 원하는 공부 잘하는 아이의 공통적 특성인 '집중력'의 원천임도 기억했으면 좋겠습니다. 그러니 말하기에 앞서 들을 줄 아는 아이들이 되도록 우리 아이들에게 이렇게 말해주세요. "자기가 사랑하고 있는 사람을 앞에 두고 정신이 흐트러질 수 있을까? 그럴 리 없을 거야."

자기 앞에 있는 누군가에게 집중하는 태도, 예를 들어 상대방의 말을 잘 듣고, 상대방을 잘 바라보는 태도야말로 관계의 기초가 됩니다. 이야기하는 도중에 스마트폰을 이리저리 눌러보는 상대방과 함께하고 싶은 사람은 없을 겁니다. 앞에 있는 사람에 대한 모욕이니까요.

물론 "제 눈앞의 누군가는 솔직히 그리 집중할만한 가치가 없는 사람이라고요!"라고 반문할 수도 있겠습니다. 그때 이렇게 대답해주기를 바랍니다. "어떠한 경우든 간에 주목할 만한 가치가 없는 상대란 없는 법이야." 세상을 좀 더 너그러운 시선으로 바라볼 줄 아는 우리의 아이들이 되기를 기대합니다.

누군가를 바라볼 때 아무것도 없는 것처럼 텅 빈 눈을 하고 있다면 그건 바라보는 사람에 대한 기본적인 예의를 갖추지 못하는 겁니다. 거꾸로 생각해볼까요. 누군가의 텅 빈 시선을 받는 사람이 부모 혹은 우리의 자녀들이라고 해보죠. 얼마나 비참한가요. 우리에게 마음이 없이 다른 곳에 주의를 기울이는 사람과 있느니 죽은 사람과 함께 있는 편이 낫지 않나요.

세상에 자신을 알리기 전에 먼저 자기를 바라보는 누군가에 집중하는 것, 그것부터 우리의 아이들이 잘 할 수 있도록 독려해야 합니다. 하찮은 일조차 주의를 집중하여 관심을 두고 바라볼 줄 아는 마음을 갖는 것, 그 능력이야말로 자기를 세상에 드러내기 전에 자녀 아니 부모 모두 갖춰야 할 삶의 덕목이니까요.

우리 아이들, 좋은 친구들을 많이 만나고 싶고 또 친구들과 즐거운 시간을 보내고 싶을 겁니다. 그렇다면 배워야 할 한자 한 단어가 있습니다. 그건 '타자他者'입니다. 뭔가 어렵긴 하지만 그냥 '다른 사람이라는 존재 그 자체'라고 우선 편하게 생각하면 됩니다. 여기에 하나 더 의미를 기억해야 한다면 타자란 '나와 다른 규칙으로 사는 사람'이라고 보면 좋습니다.

이 타자를 어떻게 다루느냐가, 이 타자와 어떻게 소통하느냐가, 우리 아이들이 세상에 드러내는 표현의 성과(!)를 좌우합니다. 이와 관련한 유명한 고사성어가 있습니다. 자녀들도 어디선가 이미 들어봤을 만한 고사성어죠. '조삼모사朝三暮四'가 그것입니다. 그런데 이 고사성어를 모 포털에서 검색하면 이렇게 풀이되어 있습니다. "눈앞에 보이는 차이만 알고 결과가 같은 것을 모르는 어리석음."

우리는 '조삼모사=어리석은 사람들'이라고 생각하고 맙니다. 그런데 정말 조삼모사가 그런 뜻일까요? 아닙니다. 우리가 알고 있는 것과는 전혀 다른 뜻이 고사성어의 앞뒤 문맥을 잘 읽으면 나타나게 됩니다. 참고로 이 고사성어의 출처는 고전인 〈장자〉입니다. 원문을 찾아봤더니 이렇게 나오더군요.

"원숭이 치는 사람이 원숭이들에게 도토리를 주면서 '아침에 셋, 저녁에 넷을 주겠다'라고 했다. 원숭이들이 화를 냈다. 그러자 그 사람은 '그러면 아침에 넷, 저녁에 셋을 주겠다'라고 했다. 원숭이들이 모두 기뻐했다. 명목이나 실질이나 아무런 차이가 없는 데도 원숭이들은 성을 내다가 기뻐했다."

여기까지는 대부분 아는 내용이죠. 그럼 다음에 뭐라고 나와 있을까요?

"사람과 다른 원숭이의 어리석음을 도대체 어찌해야 한단 말인가." 보통 이렇게 알고 계실 겁니다. 그런데 이렇게 나와 있지 않았습니다. 우리가 예상했던 말이 아닌 다른 말이 있었습니다. 이렇게요.

"있는 그대로 인정해야 한다."

자, 전문을 다시 한번 읽어보시죠.

"원숭이 치는 사람이 원숭이들에게 도토리를 주면서 '아침에 셋, 저녁에 넷을 주겠다'라고 했다. 원숭이들이 화를 냈다. 그러자 그 사람은 '그러면 아침에 넷, 저녁에 셋을 주겠다'라고 했다. 원숭이들이 모두 기뻐했다. 명목이나 실질이나 아무런 차이가 없는데도 원숭이들은 성을 내다가 기뻐했다. 있는 그대로 인정해야 한다."

예를 들어 설명해볼까요. 아이가 친구 일곱 명과 만남을 지속합니다. 일곱 명 모두 제각각 생각이 다릅니다. 아이가 친구 일곱 명과 놀이공원에 가게 됩니다. 돈을 거둬서 아이가 관리합니다. 그때 아이가 친구들에게 아침에 3만 원, 점심에 4만 원을 쓰겠다고 합니다. 그런데 친구들이 화를 냅니다. 아이는 고민합니다. 그리고 다시 제안합니다. 아침에 4만 원, 점심에 3만 원을 쓰겠다고. 그랬더니 친구들이 좋아합니다. 이때 아이는 친구들에 대해 어리석다고 해야 할까요? 아닙니다. 친구들의 생각을 존중해야 합니다. 친구들의 규칙에 따라 그저 아이는 할 수 있는 새로운 제안을 계속하면 됩니다. 그렇게 아이가 옳다고 여겼던 걸 잠시 내려두고 자기와 다른 친구의 규칙으로 제안이라는 표현을 할 줄 안다면 아이의 표현력은 최고의 수준에 이르게 된 것입니다.

아이가 이런 생각 즉, '조삼모사'의 원래 뜻을 바로 자기 것으로 만들기는 힘들 겁니다. 하지만 얼마든지 부모가 자녀에게 조언해줄 수는 있을 겁니다. 오직 내가 원하는 것만을 강요하는 게 아니라 서로 좋아하는 걸 이야기해보고 그것을 토대로 관계를 이어나가는 것이 좋은 친구를 만드는 지름길이라는 걸 말이죠.

좋은 친구란 좋아하는 것에 대해 즐겁게 이야기를 나눌 수 있는 사람이기에 잘 듣고 잘 말하는 것이 전제되어야 합니다. 공통으로 좋아하는 것을 찾아내기 전에 서로 말하고 듣고 그 과정에서 끊임없이 자신을 낮추고 상대방을 위해 제안하면서 관계를 충실히 하는 것. 이것이 우리의 아이들이 좋은 친구를 만들고 또 그 친구와 함께 자신의 일상을 풍요롭게 만드는 방법이라는 것을 알려주셨으면 합니다.

친구들이 우리 아이들 곁에서
머무르기를 바란다면
이것만큼은 알아야 합니다

얼마 전의 일입니다. 주말에 중학교 2학년인 막내딸과 함께 인근의 의류매장을 찾았습니다. 재킷 하나가 눈에 들어오더군요. 색감이 괜찮았습니다. 살까, 말까? 이럴 땐 '젊은 피'(?)의 도움을 받아야 합니다. 피팅룸에서 재킷을 걸치고 나와선 밖에서 기다리는 막내에게 어떤지 물어봤습니다. 바로 답을 하더군요. "아빠, 훨씬 젊어 보여요!"

바로 지갑을 열었습니다. 물론 옷을 '예쁘게' 봐준 대가로 막내에게 후드티 하나를 사줘야 했음은 당연했습니다. 어쨌거나 평소 같으면 재킷을 사고 그냥 나왔을 텐데 좀 더 둘러보기로 했습니다. 바지도 하나 살까? 재킷에 맞는 편한 남방은? 그때 막내가 다가오더니 이렇게 말했습니다. "아빠, 이거 옷에 달아요!"

진열대에 있는 '부토니에르boutonnière'를 보면서 하는 말이었습니다. 보통은 '부토니'라고 부르는, 양복 옷깃의 단춧구멍에 꽂기 위한 액세서리, 그거 말입니다. 평소 같으면 "야, 그런 걸 어떻게 하고 다니니?"라며 지나쳤을 텐데 그날은 달랐습니다. '젊어 보이는 아빠'에 '멋져 보이는 아빠'도 되고 싶었나 봅니다. '그래, 이왕이면 화려한 것으로 하나 사자!'

다음날 빨간 리본 모양의 부토니에르를 단 재킷을 입고 회사에 출근했습니다. 어색하긴 했으나 그 이상으로 마음이 가벼웠습니다. 칙칙한 재킷을 입을 때와는 또 다른 느낌에 기분이 괜찮더군요. 옷 하나만 이렇게 살짝 달리 입어도 우리의 마음가짐이 이렇게 달라질 수 있구나! 생각이 꼬리를 이어가고 있는데 주변을 지나가던 한 후배가 이렇게 얘기해주더라고요. "김 책임님, 완전 예쁜데요?"

여기까지 제 이야기는 제 옷맵시를 말하려는 게 아닙니다. 표현 하나만 예쁘게 해도 상대방의 마음을 들었다 났다 할 수 있음을 말씀드리려는 겁니다. "아빠, 훨씬 젊어 보여요!" 혹은 "김 책임님, 완전, 예쁜데요?"라는 단 한 문장의 말만으로도 그날 하루만큼은 나 자신이 '젊게' 느껴졌고 '예쁘게' 생각되었습니다. 말의 힘은 이렇게 대단합니다.

언젠가 한 방송에서 커뮤니케이션으로 유명하신 한 강사님께서 이런 얘기를 했습니다. "당신의 말이 상대방의 귀에 들리게 하는 방법은 단 두 가지다. 당신의 말이 상대방에게 기쁨을 주거나, 흥미를 주거나." 전적으로 이 말에 동의합니다. 아무리 나의 말이 옳다고 해도, 아무리 사실을 정확하게 전달한다고 해도, 결국 상대방의 관점에서 볼 때 그것이 상대방 본인에게 기쁘거나 흥미가 있는 내용이 아니라면 귀에 들어올 리가 없습니다.

우리 아이들도 배워야 합니다. 자기의 표현이 친구들에게, 선생님에게 그리고 부모님에게 잘 전달되려면 상대방을 기쁘게 하거나, 상대방의 흥미를 끄는 말을 해야 한다는 것을, 그래서 세상과 관계를 잘 맺는 아이로 성장한다는 것을 기억해야 하는 겁니다.

예를 들어볼까요. 아이가 친구와 대화를 하는 장면입니다. 된장찌개를 함께 먹던 아이와 친구가 있습니다. 참고로 당신의 아이는 두부를 싫어한다고 해보죠. 아이의 친구는 두부를 무척 좋아하고요.

[사례 1]

친구 : 나는 두부가 맛있어.

아이 : 뭐라고? 어떻게 그런 게 맛있어? 너 진짜 이상해!

〔사례 2〕

친구 : 나는 두부가 맛있어.

아이 : 그렇구나. 두부는 콩으로 만든다고 하던데 그럼 콩도 좋아하겠네?

〔사례 1〕과 〔사례 2〕 중에서 친구는 어떤 대답을 자신의 귀에 담아 들을까요. 물론 상대방의 의견에 반대하며 극렬하게 싸우는 논쟁이 필요한 경우엔 당연히 적극적으로 반대 의견을 내세우는 게 맞습니다. 하지만 우리의 일상 대화는 싸움이 아닙니다. 서로에게 원하는 것을 주고받는 일종의 '윈윈게임'이어야 합니다.

상대를 지식으로, 논리로 파괴적으로 무너뜨리는 모습에 우리 아이들이 익숙해지지 않기를 바랍니다. 상대를 무시하고 그래서 상대의 미움을 받게 되는 표현을 삼가야 합니다. 대신 상대방에게 기쁨과 흥미를 선물하는 그런 말을 하는 자녀가 되기를 바랍니다. 자녀의 주변에서 친구들이 모두 떠나버리기 전에 말이죠.

이제 우리 아이도
'인싸'가
될 수 있습니다

어느 성공한 스타트업 회사 대표와 이야기를 나눈 적이 있습니다. 그는 성공 비결로 '어떻게 해서든지 구성원을 칭찬하려는 리더의 노력'을 꼽았습니다. 이렇게 말씀하시더군요.

"회사가 어려울 때일수록 구성원들이 잘하는 점, 밝은 점을 일일이 얘기해주려고 했습니다. 그때 저는 그들이 다시 힘을 내는 것을 경험하게 되었습니다. 그 이후에는 어떻게 해서든지 구성원의 장점과 특징에 집중합니다. 아이들을 가르칠 때 결과보다는 과정을 칭찬해주는 것과 같다고나 할까요."

'칭찬과 격려가 한 사람을 성장시키는 위대한 힘'이 된다는 그분의 화두가 선명합니다. 칭찬과 격려의 중요성, 어디 이분의 말 뿐일까요. 당신이 말을 잘 들어주지 않는 남편을 둔 아내라고 해보죠. 남편이 말을 잘 듣게 하려면 어떻게 해야 할까요? 당신의 말에 관심을 두지 않는 아내를 둔 남편이라고 해도 마찬가지입니다.

두 가지를 기억하면 됩니다. 첫째, 어떤 경우에 남편이 자신의 말을 잘 듣는지를 먼저 관찰한다. 둘째, 자신의 말을 들어줄 때마다 칭찬한다. 이러다 보면, 즉 칭찬을 반복해서 해주다 보면 남편의 행동은 점점 나아질 겁니다. '칭찬 그리고 또 칭찬' 이것이 말은 쉬운데 실제로 해보면 정말 어렵습니다. 어려운 만큼 그 효과는 확실하니 기억해두면 좋겠습니다.

그렇다면 칭찬과 격려는 오직 어른의 몫일까요? 아닙니다. 얼마든지 우리 아이들도 자신을 둘러싼 사람들에게 칭찬과 격려를 아끼지 않고 할 수 있습니다. 물론 아이들이 칭찬과 격려를 할 줄 알기 전에 당연히 부모로부터 칭찬과 격려를 아낌없이 들을 수 있는 환경이 마련되어야 함은 당연합니다. 자기가 보고 들은 것을 그대로 할 줄 아는 것이 아이들이니까요.

칭찬과 격려에 익숙한 아이들은 사회에서 리더로 성장할 가능성이 크다고 합니다. 누군가를 이끌어가기 위해서는 뒤따르는 사람들이 있어야 하며 그러한 모습을 만들어낼 수 있는 비결은 칭찬과 격려에 있기 때문인 거죠. 하지만 어른도 하기 힘든 칭찬과 격려를 우리 아이들에게 어떻게 가르쳐줄 수 있을까요.

역시 훈련이 답입니다. 그 방법은 다음 과정을 밟아갈 수 있도록 해주세요. 예를 들어서 설명해보겠습니다.

'인싸' 되는 3단계 칭찬법

[1단계] 친구 세 명의 이름 쓰기

> 1) 김민희
>
> 2) 박정민
>
> 3) 최지환

[2단계] 친구 세 명의 자존심을 키워줄 확실한 칭찬을 쓰기

> 1) 김민희 : 밝은 웃음
>
> 2) 박정민 : 긍정적인 말 습관
>
> 3) 최지환 : 남을 도와주는 것에 앞장서는 모습

[3단계] 친구를 만났을 때 기록해둔 칭찬의 말을 하기

> 1) 김민희 : "너의 밝은 웃음은 늘 나에게 힘이 된다."
>
> 2) 박정민 : "언제나 긍정적인 너의 말은 주변의 사람들에게도 긍정 에너지를 준다."
>
> 3) 최지환 : "남을 도와주는 것에 앞장서는 모습이 멋있다."

자, 대본이 만들어졌습니다. 이제 우리 아이들이 친구를 만나 〔3단계〕에 정리한 내용을 그대로 표현하기만 하면 되는 거죠. 결과는 어떨까요? 어느새 자신의 친구들 사이에서 '인싸'가 된 자신을 스스로 발견하게 될 겁니다. 표현은 이렇게 배우고 또 습득하는 것입니다. 실제로 인지심리학 연구의 권위자인 피아제Piaget에 따르면 지식은 사람이 환경에 대해 적극적으로 행하고 상호작용함으로써 얻어진다고 합니다.

그에 따르면 단순히 생명을 유지할 수 있는 최소한의 반사작용만을 갖고 태어난 유아기를 지나서 만 2세에서 만 7세까지는 표현에 있어서 의미확장을 시도하게 됩니다. 만 7세부터 만 11세까지는 논리적인 언어를 사용하는 일종의 구체적 조작기에 접어들게 되고요. 그러니 초등학생 시기는 아이들이 세상과 관계를 맺으며 표현을 확장하고 또 원하는 걸 얻기 위해 구체적인 조작언어를 활용하는 시기라는 점을 생각하면 우리 아이들은 이제 표현 하나도 세계와 자아를 다루는 인지 능력의 한 부분으로 생각하고 조심스럽게 발전시켜나가야 할 것입니다.

벤저민 프랭클린으로부터
배우는
표현의 정석

책 읽기를 좋아합니다. 하지만 책 읽기보다 제가 더 좋아하는 게 있습니다. 읽은 책을 누군가와 함께 나누는 것입니다. 읽은 책을 진정 나 자신의 것으로 체화하기 위해서는 같은 책을 읽은 누군가와 책 내용에 대해 논의를 해야 한다는 걸 깨달았기 때문입니다. 그래서 저는 지금까지도 여러 독서 모임을 찾아다니며 좋은 책을 읽고 함께 토론하면서 많은 것을 배웠습니다.

독서토론도 토론이다 보니 저와 다른 생각을 하는 분들과 아무래도 의견에서 다소 차이가 있는 경우가 많습니다. 여기서 문제가 발생합니다. 서로의 의견에 논쟁을 개입하다 보니 상대의 말에 반박하는 것이 습관이 되어서 충돌하거나 상대의 기분을 상하게 만드는 경우가 심심찮게 일어난다는 겁니다. 특히 저의 냉정한 말들이 누군가를 불편하게 했던 경우가 많았습니다.

혼자만의 독단에 빠지는 것을 조심해야 합니다. 독불장군식의 태도로 토론에 임하게 되면 오히려 상대방을 설득할 수 없습니다. 겸손함이 부족하면 분별력이 부족해지고 상대방의 다른 점을 틀린 거라고 단정하게 됩니다. 제가 범했던 잘못입니다. 제 말 한 마디로 평화로워야 할 모임이 타인과의 불화를 확인하는 장소가 되는 것을 어느 순간 깨닫고 나서야 비로소 저는 말하는 태도를 바꿔나갔습니다.

제 말버릇 중에 좋지 않은 습관이 있습니다. 특히 이런 말들을 너무나 쉽게 사용하곤 했습니다.

"이해가 안 돼."
"그건 분명히 아니야."
"도대체 말이 되지 않는데?"

이제는 제 말버릇을 바꾸려고 노력 중입니다.

"말씀에 대해 동의를 합니다. 다만 제 생각은…"
"그럴 수도 있겠네요. 제가 생각했던 것은…"

"맞습니다. 다만 제 짐작으로는…"

상대방이 받아들이는 모습이 한결 부드러워졌음을 느꼈습니다. 자녀의 경우도 마찬가지 아닐까요. 물론 자기의 생각을 있는 그대로 표현하는 것, 우리 부모들이 받아줘야 할 대상임은 분명합니다. 하지만 자녀의 말하기가 타인의 생각을 무시하는 독단적인 표현으로 흘러서는 안 될 겁니다. 친구와 대화할 때 상대방의 의견을 단번에 막아선다면 과연 아이들에게 좋은 친구가 계속 있을 수 있을까요.

해야 할 말을 잘하는 것 이상으로 해서는 안 될 말을 안 하는 것도 우리 아이들의 표현력에 있어 중요합니다. 대화의 목적은 정보를 교환하고 즐거움을 나누고 상대를 설득하는 데 있는데 제아무리 지식이 풍부하고 선한 사람이라도 독단적이고 거만한 태도로 대화에 임한다면 상대의 반감을 불러일으켜 본래 힘을 발휘하지 못하게 된다는 점을 우리 아이들도 알아야 합니다.

벤저민 프랭클린Benjamin Franklin의 이야기를 전해드리고 싶습니다. 그는 미국 건국의 아버지라 불리며 100달러 지폐에 그려진 주인공이기도 합니다. 17남매 중 15번째, 막내아들로 태어난 그는 가난해서 정규교육을 2년 정도밖에 못 받고, 아버지 밑에서 비누와 양초 만드는 일을 하게 됩니다. 이후 인쇄소를 운영했는데 일하면서도 시간을 내서 정치 모임에 참여하고 도서관에 가는 걸 즐겼답니다.

그의 일생에서 우리 아이들이 배웠으면 하는 점이 있는데 그건 벤저민 표현방식입니다. 사실 그도 처음에는 논쟁을 즐겼던 청년이었다고 합니다. 하지만 곧 그는 깨닫습니다. 말싸움으로 논쟁을 하는 건 상대에게 반대 의견만 내세우게 하고, 대화를 망치게 하며, 결국 친구를 사귀기는커녕 오히려 적개심만 일으키게 된다는 것을 말입니다.

후에 벤저민은 단정적인 말을 사용하는 것에 주의했다고 합니다. '확실히', '의심할 여지 없이'처럼 단정적인 말을 사용하지 않았다는 것이죠. 겸손하게 말하면서 자기 의견을 설득하는 것을 택했답니다. 사람이 하는 말마다 각기 다른 파형이 있다고 하는데, 단정적인 말투는 대부분 격양되고, 날카로운 파형이 있게 마련입니다. 벤저민은 이를 깨달았던 것이죠.

유대인의 토론 방식 교육은 유명하죠. 그들은 가정에서부터 끊임없이 질문을 하고 이에 대해 대답하고 또 질문을 하는 것이 일상화되어 있답니다. 이때 대답이 틀렸다고 해도 틀렸다고 지적하고 정답을 섣불리 말하기보다는 왜 그렇게 생각했는지를 물어보면서 생각 자체를 존중해준다고 해요. 즉, '이것의 정답이 무엇이냐?'가 아니라 '이것에 대한 네 생각은 무엇이니? 왜 그렇게 생각하게 된 거니? 라는 것이죠.

　우리 아이들이 벤저민이 깨달은 단정적 표현의 함정에서 벗어나기를 원한다면, 유대인 가정에서 자란 아이들처럼 당당하게 자기의 생각과 감정을 표현하기를 바란다면, 자녀의 말을 잘 들어주고 그 말을 존중해주며 함께 대화를 나누는 부모의 역할이 중요합니다. 누군가를 이기려다가 정작 자신에게 해가 되는 인간관계를 스스로 만드는 자녀가 되지 않도록 부모님들이 자녀들에게 잘 알려주기 바랍니다.

벤저민 프랭클린으로부터 배우는 밥상머리 표현력

벤저민 프랭클린 이야기가 나왔으니 그로부터 배워야 할 것 하나만 더 알아봅니다. 미국의 정치가이자 외교관, 과학자이자 기업 경영자, 자연 과학자이자 교육전문가로서 평생을 통하여 자유를 사랑하고 과학을 존중하였으며 공리주의에 투철한 전형적인 미국인으로 일컬어지는, 위대한 그의 성장배경에는 어떤 것이 있을지 궁금합니다.

아버지 '조사이 프랭클린' 슬하에 17명의 자식 중의 한 명이었던 그는 배움으로부터 방치된 것이 아니라 '아빠표 교육'을 철저히 받았습니다. 가정 형편상 마음껏 학교 교육을 받지 못한 아쉬움을 벤저민은 학교를 대체할 배움의 방법을 스스로 터득했는데요. 첫 번째는 책이었습니다. 여기까지는 예상 가능한 일입니다. 중요한 건 두 번째였습니다. 그건 바로 식사 자리, 즉 밥상머리가 그 배움의 터전이었다는 겁니다.

그의 아버지는 현명한 친구들이나 이웃을 초대해 함께 식사하며 이야기를 나누는 것을 즐겼다고 합니다. 이때 아이들 인생에 도움이 될 만한 유용하고 창의적인 주제로 대화를 이끄셨답니다. 그 모습을 한번 상상해보면 어떨까요. 어린 아들과 나이 지긋한 어른들이 함께 공동의 주제를 두고 함께 이야기를 나누는 장면… 진정한 수평적 소통의 모습 아닐까요.

벤저민은 비록 나이는 어렸으나 어른들의 현명한 대화 속에서 자신의 지적인 성취를 이루어내기 시작했다고 합니다. 자기의 의견을 말하는 과정에서 표현의 레벨이 성장한 것은 물론이고요. 그렇습니다. 프랭클린 가족의 저녁 식사는 급하게 배를 채우는 시간이 아닌 대화 참여자 간의 친밀성, 대화를 통해 자기 자신이 누구인지를 확인하고 자각하는 관계 지향성, 그리고 친밀함을 얻어내는 맥락 밀착성을 배우는 표현력 향상의 장(場)이었던 셈입니다.

최근 밥을 먹는 것을 보여주는 유튜브가 인기입니다. 소위 '먹방'이라고 하지요. 이런 영상은 결국 인간의 원초적인 본능에만 집중합니다. 더 좋은 걸 먹고 싶고, 그러기 위해 더 멀리 가보고 싶은 욕망이 그것이죠. 하지만 누구나 실컷 먹고, 실컷 놀 수 있는 것은 아닙니다. 쉽게 가질 수 없게 되니 더 간절히 원하게 되기 마련이죠. 먹는 것 자체가 판타지가 되어 버릴 수밖에 없습니다.

먹는 것이 판타지가 되어 버린 시대는 왠지 씁쓸합니다. 온 가족이 모여 영상 너머의 누군가가 허겁지겁 과도할 정도로 무엇인가를 입에 집어넣는 모습은 상상만으로도 기괴합니다. 대화는 사라지고, 영상 속의 '먹방러'만이 뇌리에 박혀 있는 한 가족의 모습… 부모의 관점에서는 피하고 싶은 광경입니다.

이제 우리는 스스로 물어볼 차례입니다. "나는 지금 사랑하는 아이들에게 '식탐'을 가르치고 있는가, 아니면 '대화'를 원하고 있는가." 그 대답이 꼭 대화이기를 바랍니다. 여기에는 부모의 지혜만큼이나 아이들과 풍부한 지적 경험을 나누려는 부모의 노력이 필요합니다. 탈무드의 말처럼 '입이 하나이고 귀가 두 개인 이유는 한번 말하고 두 번 들어 주라'는 뜻을 기억하면서 말이죠.

밥상머리를 '먹방'이 아닌 '건강한 대화의 장소'로 활용하고 싶다면 급해서는 안 됩니다. 일방적인 어른의 훈계와 지시의 장소가 되어서는 안 되는 것이죠. 괜히 대화해보겠다고 하다가 아이의 생각 속에 '아빠는 꼭 밥 먹을 때 자기 말만 하고 내 얘기는 안 들어 줘', '엄마는 맨날 자기 할 말 끝나고 내가 말 안 하면 기분 나쁘다고 하고', '밥 먹을 때는 시험성적 얘기는 좀 안 하면 안 될까?' 등이 생기면 그건 아니함만 못 합니다.

지금 우리가 고민하는 건 어떻게 자녀에게 말을 할 것이냐의 문제가 아닙니다. 아이들이 세상에 나가서 당당하게 자기의 생각과 감정을 표현할 수 있도록 도와주는 것이 목표입니다. 그러니 예를 들어 엄마가 해준 요리를 앞에 두고 머뭇거리는 아이를 향해 "몸에 좋은 채소를 도대체 왜 안 먹는 거니?"라고 닦달해서는 곤란합니다.

잠깐 옆길로 빠져본다면 음식은 일단 맛있게 먹는 게 우선입니다. 브로콜리, 방울토마토, 당근… 건강에 당연히 좋을 겁니다. 하지만 맛이 없다면, 그래서 부모의 강요로 억지로 먹는다면 과연 그 음식물이 우리 아이들의 건강에 좋은 영양을 공급해줄 수 있을까요. 맛없게 먹은 음식이 속에서 잘 소화될까요. 거기에 '부모가 생각하는' 좋은 음식에 대한 혐오감만 아이들에게 심어주는 것 아닐까요.

"몸에 좋은데 왜 안 먹니?"가 "맛이 없는데 왜 안 먹니?"로 들리게 하는 건 아닌지를 고민해봐야 합니다. 그런 말 한마디 할 시간에 엄마, 아빠가 '와 이거 너무 맛있다'라고 하면서 먹는 시늉을 하는 게 우리 아이들이 방울토마토 하나라도 더 집어먹게 만드는 비결이니까요. 우리의 목적은 강요하는 말을 아이들에게 가르치는 게 아니라 당당하게 자기를 표현하는 아이로 만드는 것이라는 걸 잊지 말아주십시오.

표현력에 관한 한
대한민국 탑 클래스의 그가
하버드대에서 배운 것

마야 안젤루Maya Angelou, 2014년에 세상을 떠난 미국의 시인이자 작가, 그리고 배우입니다. 이분은 여러 방면에서 다양한 활동을 했는데요, 특히 몇몇 명언이 유명합니다. 그중에서도 저는 이 한 마디가 마음에 남습니다. "사람들은 당신이 했던 말을 잊을 것이다. 사람들은 당신이 했던 행동도 잊을 것이다. 하지만 사람들은 당신이 자신을 어떻게 대했는지는 잊지 않을 것이다."

우리는 지금 사랑하는 아이들의 말과 행동, 즉 표현에 대해 고민을 하고 있습니다. 그러나 그 표현의 끝은 결국 아이들의 언행을 받아들이는 상대방의 마음에 있게 됩니다. 아이들이 좋은 의도로 표현을 했다고 할지라도 그 표현을 듣고 본 상대방의 마음이 다치게 된다면 결론적으로는 하지 않느니만 못한 표현일 수밖에 없으니까요. 이것은 우리의 아이들도 꼭 기억해야 합니다.

표현은 내보내기 전에 관심을 두고 지켜봐야 할 그 무엇입니다. 하지만 그렇다고 해서 우리 아이들의 표현을 무작정 억압하고 통제하는 건 절대 있어서는 안 될 일일 겁니다. 특히 초등학생 아이들이라면 많은 것을 표현하고 또 그 표현에 대해 피드백을 받아 개선하면서 자신의 표현력을 성장하게 하는 모습이 중요하기 때문입니다. 조심하는 것과 포기하는 것은 다릅니다.

어른이 되었지만 자신의 생각을 말로 잘 표현하는 사람은 부럽습니다. 해야 할 말을 제때 하지 못함으로 인해 기회를 놓친 기억이 수없이 많았던 저로서는 더욱 그러합니다. 그래서일까요. 최근엔 특히 말을 잘하는 정치인들의 모습에 눈이 갑니다. 그중에서도 한 젊은 정치인의 표현력은 제가 따로 공부하고 싶은 마음이 들 정도죠.

사실 그분에 대해서는 다양한 평가가 나옵니다. 하지만 마흔 남짓의 나이에 정치인으로서 자신의 영향력을 확보하는 모습을 보면 부럽기만 합니다. 특히 그의 토론 능력만큼은 인정합니다. 차갑고 날카로운, 어쩌면 가끔은 건방지다는 느낌이 들 정도의 토론 스타일이기에 호불호가 심하긴 하지만 상황에 따른 논리의 전개는 부럽기만 합니다.

언젠가 그가 한 TV 강연 프로그램에 나와 자신이 졸업한 하버드 대학교의 토론, 즉 말하기에 대해 언급한 적이 있는데 그것이 기억에 남습니다. 두 가지를 말하더군요. 첫째는 '지지 않는 토론'에 대한 것입니다. 그는 이렇게 말했죠. "하버드 대학교 교육의 장점은 '토론을 통해 배우는 경쟁'이라는 점에 있습니다. 특히 저는 토론에서 지지 않는 법을 배운 게 가장 큰 수확이었습니다."

둘째는, '토론 상대방에 대한 인정'입니다. 그는 말하길, "토론을 잘하려면 토론에 뛰어난 상대방을 자주 만나야 합니다. 누구와 토론하느냐에 따라 나의 토론의 질도 달라지니 말입니다." 그의 여유가 느껴집니다. 이제 우리의 표현을 돌아봅시다. 과연 상대방의 높은 질적 수준을 그대로 받아들일 줄 아는 마음이 있는지를.

그가 말했던 하버드대의 교육과정에선 특히 토론하기를 절대적으로 중시한다고 합니다. 수업과 평가 등에서 글쓰기는 기본이고 토론의 비중도 10~20%에까지 달한다고 합니다. 토론은 사실 하버드대만이 아닌, 미국 교육의 일반적 특징이라고 합니다. 토론을 통해 경쟁에서 동료를 눌러 이기려 하기보다는 팀워크를 통해서 함께 더 나은 결과를 만들어내는 경험을 수없이 많이 만든답니다.

그나저나 그는 과연 어렸을 적에 어떻게 성장해왔기에 자신의 의견을 표현하는 데 거침이 없게 된 걸까요? 저는 그가 막 정치

초년생 때 청년과의 대화에서 진행했던 인터뷰에서 그 단서를 찾았습니다. 그는 '성공을 위해 어떤 노력을 했습니까?'라는 한 청년의 질문에 이렇게 대답했습니다.

"제가 지금의 자리에 설 수 있었던 것은 '사사건건 엄마 말에 반항했기 때문'입니다. 저는 정말 하고 싶은 일이 생기면 어머니든, 주변에서 뭐라고 하든 흔들리지 않고 반드시 했습니다."

출처 : 〈모바일한경〉 2013년 11월 11일

엄마 말에 반항했던 그의 모습보다는 그 반항을 묵묵히 받아주셨을 그의 엄마에 경의를 표합니다. 사실 우리 부모들, 자녀가 반항할 때 대응하는 방법은 늘 일방적이고 또 강압적인 경우가 많습니다. 이런 부모의 태도가 결국 아이의 자신감을 억제하고 더나아가 아이들이 스스로 자신의 의견과 생각을 표현하는 것에 주저하게 만듦에도 말이죠.

아이들의 표현력은 결국 대화 상대방의 존재 그리고 태도에 대한 전제를 통해 이루어지며 나아가 존재 대 존재의 만남에 의해 그 수준이 결정된다고 할 수 있습니다. 즉, 대화는 만남이고, 그 만남을 통해 아이들은 자기의 표현력을, 인간성을 형성해가며 이는 결국 자기 존재의 확신과 관계의 확장으로 이어지게 합니다.

토론에 있어 탑 클래스의 자녀를 기대하십니까? 그렇다면 이제 자녀의 표현력을 위해서라도 세상 첫 번째의 대화 상대인 부모로서 아이들의 의견에 일방적 거절이나 반대가 아닌 서로 상호 간의 생각을 교환하려는 노력을 아끼지 말아야 하겠습니다.

PART 3

인간관계는
표현으로부터 시작된다

표현력의 핵심, '상대방을 있는 그대로 인정해주는 것'

'딜리버리Delivery'라는 개념이 있습니다. 보통 '배달, 전달'의 뜻이라고 알고 있지만, 컨설팅 분야에서는 클라이언트가 '기대Expect'하는 것을 충족시킨다는 의미로 사용됩니다. 여기서 핵심은 '기대'입니다. 즉, 상대방의 욕망을 충족시키는 게 핵심이 되는 겁니다. 상대의 욕망에 관심을 기울일 때 우리의 표현력은 한층 레벨업을 할 수 있게 됩니다.

예를 들어 욕망 중에 '기쁨'에 대해서 알아볼까요. 세상에서 가장 힘든 것 중의 하나가 '남의 일에 기뻐하는 것'이라고 합니다. 누군가의 아픔에 함께 슬퍼하고 걱정하는 건 그래도 하기가 쉽답니다. 하지만 타인의 좋은 일에 진정으로 기뻐하는 게 그렇게 어렵다고 하더군요. 생각해보니 정말 그렇습니다. 동료의 친인척 부고에 부의금을 내는 건 어렵지 않았으나 성과 좋은 동료의 포상금에는 솔직히 배가 아팠으니까요.

하지만 여기에 오히려 표현력을 업그레이드할 수 있는 힌트가 있습니다. 타인의 기쁨을 마치 자기의 일처럼 기뻐하는 것, 이것 하나만 잘해도 누군가와의 관계에 있어서 우위에 설 수 있게 된다는 겁니다. 타인의 기쁨에 함께 기뻐하는 것이 그토록 힘들다는 건 그만큼 행하는 사람이 없다는 뜻이니 오히려 기회가 있는 것이죠. 남들이 하지 않을 때, 하지 못할 때, 우리 아이들이 먼저 세상을 향해 칭찬하고 또 함께 기뻐하는 여유를 갖는다면 그 자체로 표현력에 관한 한 예비 승리자인 겁니다.

저는 우리 아이들이 상대방에게 기분 좋은 사람으로 기억되기를 바랍니다. 어쩌면 그것을 위해 우리가 이렇게 이야기를 나누고 있는 것일지도 모르겠습니다. 말 한마디 잘못해서 친구로부터 소외되고, 선생님으로부터 질책받는 내 아이는 상상조차 하기 싫습니다. 그래서 아이들이 표현력을 기를 수 있도록 부모로서 최대한 돕고 싶은 마음입니다. 예를 들어볼까요. 여러분의 자녀가 A와 B라는 자기 친구 두 명과 만나서 이야기를 나눈다고 해보죠.

자녀 : 나 요즘 힘든 일이 생겼어.

친구 A : (핸드폰을 보면서) 응? 그래? 나도 그래. 요즘 짜증 나는 일 많아.

친구 B : (바라보던 핸드폰에서 눈을 떼고 자녀를 바라보면서) 왜? 무슨 일 때문에 그런 거야?

자녀는 친구 A와 친구 B 중에서 누구로부터 위로를 받았을까요? 핸드폰을 보면서, 눈도 보지 않고 자기 할 말만 하고 끝낸 친구 A를 과연 자신의 친구로 여길 수 있을까요. 표현력이라는 건 상대방이 마음을 열 수 있도록 편안한 자세를 취하고, 이야기의 내용에 따라 적절한 정도로 상대방과 눈을 마주하며, 진심을 담은 말투와 목소리로 상대방의 말에 집중하고 있는 태도를 포함합니다. 말과 행동이 상대방을 배려하는 마음으로 움직일 때 비로소 우리 아이들의 표현력은 완성됩니다.

상대방의 기쁨에 기뻐하는 것이 중요하다고 말씀드렸지만 사실 이렇게 어려움에 있을 때 누군가에게 따뜻한 표현을 듣게 되면 그 기억은 오랫동안 지속됩니다. 저에게도 그런 기억이 있습니다. 언젠가 저에게 큰 시련이 있었습니다. 십여 년도 지난 일이네요. 그때 저는 여러 사람에게 도움을 요청했습니다. 하지만 저에게 돌아온 건 대부분 이런 말들뿐이었습니다.

"힘들겠지만 사실 그런 일은 누구에게나 있는 일이야."
"나도 비슷한 일을 겪었어. 참아. 금방 지나가."

위로를 받았을 리가 없었습니다. '네가 참아야지'라는 위로로 위장한 '지적질'이었을 뿐이었으니까요. 위로를 받기는커녕 상처만 받았습니다. 모든 것을 놓아버리고 싶어졌습니다. 그때 우연한 자리에서 오랫동안 알고 지낸, 저보다 연배가 높은 분을 만나게 되었습니다. 이 말씀을 해주시더군요. "세상 누가 뭐라고 해도 나는 네가 잘 해낼 거라 믿는다. 너는 다른 사람이 아닌 너잖아."

'다른 사람이 아닌 나'라는 말씀이 저에게 큰 울림으로 다가왔습니다. 결론적으로 그때 그분의 말씀 하나가 저를 다시 일어서게 만드는 힘이 되었습니다. '맞아, 나는 나야. 조용히, 하지만 씩씩하게 이겨낼 수 있어.' 그렇게 간신히 엉망으로 흐트러진 저를 바로 세울 수 있었던 것이죠. 지금도 그분을 생각하면 고마운 마음뿐입니다.

관계는 갑자기 형성되는 게 아니라 차곡차곡 쌓는 거라고 합니다. 우리 부모도, 우리 아이들도 누군가와의 거리를 서서히 좁혀나갈 줄 아는 표현을 해내길 기대합니다. 별게 아닙니다. 그저 우리와 아이들 모두 가까운 주변부터 둘러보면 됩니다. '어려운 상황에 있는 누군가가 있는가?' 그 누군가를 찾았다면 도와주면 됩니다. 말과 행동, 즉 표현으로 말입니다.

무엇을 도와줘야 할지 모르겠다면 상대방의 모습 그대로를 인정해주는 것에서 시작하면 됩니다. '있는 그대로의 네가 좋아'라고 말이죠. 이 말 한마디만으로도 고통의 늪에 빠진 그 누군가는 다시 세상으로 나올 마음의 준비를 하게 됩니다. 어려움을 진심으로 걱정하면서 한편으로 이겨낼 수 있다고 격려해주는 것만으로도 상대를 감동하게 만들 수 있습니다. 이 정도는 우리 어른들은 물론 아이들도 충분히 할 수 있는 표현입니다.

아이들이 자기의 생각과 감정을 표현할 때까지 여유 있게 기다려주어야 합니다

언젠가 가을 무렵에 초등학교 동창들을 만났습니다. 무작정 다 커버린 중년들이 대화하면 무슨 주제가 나올까요. 뻔합니다. 휴가 때 놀러 간 동남아의 한 리조트 이야기, 주말에 닭볶음탕을 맛있게 먹었던 맛집 이야기, 작년에 바꾼 차 이야기 등 들어봐야 아무런 쓸모도 없는 비생산적인 일화로 가득하죠. 그러다 결국 자녀 이야기로 돌아가게 되는 건 당연한 순서고요.

그때 중학교 다니는 아들과 딸을 둔 한 친구가 아이들과 대화가 안 되어서 고민이라는 얘기를 꺼냈습니다. 무슨 말을 해도 아이들은 무반응이라면서 도대체 표현조차 하지 않는 아이들과 어떻게 대화를 시작해야 할지 모르겠다고 했습니다. 조언이라고 친구들이 한 말들은 "이미 늦었다", "그래도 너를 믿는다" 등의 말이었습니다.

그런데 누군가가 "너를 믿는다"라고 한 말에 대해서 이의를 제기하더군요. '너를 믿는다는 말이야말로 듣는 사람에겐 제일 무서운 말'이라는 거였습니다. 알고 보니 중고등학생들이 부모에게 듣기 싫어하는 말로 "아빠는 너를 믿어"와 같은 '무작정 신뢰'의 대화법이 손꼽혔답니다. 한 친구가 농담처럼 한마디를 거들었습니다. "맞아. 누가 나에게 '너를 믿어'라고 하면 난 바로 '아니야. 나절대 믿지 마라'고 할 거야."

그렇다면 우리는 아이들과의 대화를 포기해야만 하는 걸까요. 아이의 표현은 결국 부모의 표현을 닮기 마련인데 부모와 자녀 간에 대화 그 자체가 이루어지는 게 힘들다면 그건 참 답답한 노릇 아닐까요. 그때였습니다. 대학생 아들을 둔 한 친구가 휴대전화를 한참 들여다보더니 행복 가득한 미소를 짓더군요.

"뭐, 좋은 일 있어?"라는 말에 그 친구는 자신에게 온 문자메시지를 보여줬습니다. 우리가 아이들과의 대화를 두고 얘기하는 도중 그 친구는 자기 아들에게 "혹시 엄마에게 들은 말 중에서 기억에 남는 따뜻한 말이 있었니?"라고 문자메시지를 남겼는데 그에 대한 회신이었던 겁니다. 그 내용은 이랬습니다.

"고2 여름방학 때 엄마가 나에게 말해줬던 거. 아마 이랬을걸? '너는 원래 천천히 가는 아이니까 다른 아이들과 속도를 맞추려고 너무 애쓰거나 힘들어하지 않아도 돼.' 맞아, 그거."

친구들이 모두 갑자기 조용해졌습니다. 생각해보니 그렇습니다. 우리 아이의 표현력을 높이겠다고 무작정 대화를 시도하고, 이런저런 스피치 학원에 다니게 하고, 말이 조금이라도 어눌한 거 같으면 부모가 먼저 안달이 나서 아이를 닦달하고… '빠르다' 혹은 '늦다' 라는 것, 어쩌면 고작 몇십 년을 먼저 살아본 부모가 미래의 주인공인 아이들에게 함부로 던지는 말의 폭력이 아닐까요.

기다려주고 또 지켜봐주는 부모의 눈길과 말들이 아이의 표현력에는 위로가 되고 힘이 됩니다. 부성애 그리고 모성애의 진정한 성취는 자녀가 이루어낸 무엇인가에 대한 부모의 사랑이 아니라 아이들이 성장하는 그 모습을 묵묵히 그리고 여유 있게 지켜봐주는 부모의 사랑으로 이루어진다는 것을 기억했으면 합니다. 그때 비로소 우리 아이들도 자기의 생각과 감정을 세상에 드러낼 용기를 지니게 될 테니까요.

하고 싶은 이야기가
많은 아이는
그 자체로 축복입니다

말과 행동은 생각을 지배하는 가치가 있습니다. 생각이 말과 행동, 즉 표현을 지배하느냐 아니면 그 반대냐 하는 건 논란거리가 있으나 최소한 상호작용을 하는 건 분명합니다. 생각과 감정이 언어로 그리고 행동으로 정리되지 않는다면 일상은 혼란스럽고 답답할 것입니다. 표현법은 자기를 보호하고 일상을 안정시키기 위해서라도 알아두어야 할 수단입니다.

우리 아이들은 공교육을 통해 체계적으로 말하기 등의 표현법을 배워나갑니다. 초등학교의 경우에는 하루가 다르게 생각과 감정이 성장하는 시기이기에 당연히 그 공부의 과정도 다릅니다. 대략 다음과 같은 과정을 거치게 됩니다.

[초등학교 1~2학년]

- 상황에 어울리는 인사말 주고받기

- 일이 일어난 순서를 고려하여 듣고 말하기

- 자신의 감정을 표현하며 대화를 나누기

- 듣는 이를 바라보며 바른 자세로 자신 있게 말하기

- 바르고 고운 말을 사용하는 태도를 지니기

[초등학교 3~4학년]

- 대화의 즐거움을 알고 대화를 나누기

- 회의에서 의견을 나누기

- 원인과 결과를 고려하여 듣고 말하기

- 적절한 표정, 몸짓, 말투를 사용하기

- 예의를 지키며 듣고 말하기

[초등학교 5~6학년]

- 의견을 제시하고 받아들이며 함께 조정하며 말하기

- 절차와 규칙을 지키면서 근거를 통해 토론하기

- 자료를 정리하여 말할 내용을 체계화하기

- 드러나지 않거나 생략된 내용을 추론하여 말하기

- 상대가 처한 상황을 이해하고 공감하여 말하기

대략의 과정을 소개했는데 여기에서 그 어디에도 '함부로 말하지 말라!' 라고 하는 건 없음을 발견하셨을 겁니다. 우리 아이들은 말의 질도 중요하나 말의 양을 늘리는 게 우선이기 때문입니다. 과거에는 어른이 말하면 아이들은 거기에 토를 달아 대꾸해서는 안 되었습니다. 선생님이 말씀하면 그 말에 부족함이 있어도 그것을 지적하는 게 금기시되었죠.

독일, 프랑스 등의 국가에서는 토론이 일상이라고 합니다. 어른 아이 할 것 없이 자기의 주장을 설득력 있게 하며, 상대방의 주장이 타당할 때는 또 그것을 수용하는 거에 익숙해 있다는 것이죠. 자기의 주장에 근거를 제시하는 합리적 사고, 다른 사람의 주장이 옳을 때는 이를 수용할 줄 아는 포용적 사고가 있기에, 즉, 표현의 합리화가 정착되었기에 일상의 합리화도 가능해진 것 아닐까 합니다.

'누군가의 이야기를 들어줄 수 있다는 것은 누군가를 그리워할 줄 아는 능력이 있다는 말과 같다' 라고 합니다. 누군가에 대한 그리움을 간직하고 기다릴 줄 아는 사람은 행복합니다. 아이들의 이야기를 들어주는 것, 부모의 행복 중의 하나라는 것을 기억했으면 합니다. 사실 우리 아이들만 자기의 이야기를 들어주는 사람이 고마운 건 아닐 겁니다. 어른도 마찬가지죠.

이쯤에서 상대방의 말과 행동을 차분히 들어주지 못했던 저의 과거를 반성해봅니다. 언젠가 이런 일이 있었습니다. 책 한 권을 읽고 토론하는 모임에 참석했을 때의 일입니다. 예닐곱의 사람들이 모여 책에 대한 자신의 단상을 이렇게 저렇게 얘기하는 데 유독 한 사람만이 말을 많이 하더군요. 자신의 의견을 말하는 건 좋지만 뭐 저리도 길게 말하는 거지, 라며 다른 사람들의 얼굴에 불만이 조금씩 생길 때쯤이었습니다. 결국 누군가가 한마디를 하시더군요.

"그래서요? 도대체 결론이 뭐예요. 너무 말씀이 길어서…"

분위기가 싸했습니다. 말하던 사람은 말문이 막힌 채로 미안하고 당황하는 표정을 지었고요. 그때였습니다. 모임의 진행자가 나섰습니다. 미소를 지으며 이렇게 말씀하시더군요.

"괜찮아요. 할 이야기가 많다는 건 축복이죠. 우리 조금만 더 편하게 들어주면 어떨까요?"

누군가 말을 하고 싶어 한다는 건 어쩌면 자신만의 공간을 찾았다는 것으로도 볼 수 있습니다. 세상에서는 자신의 말이 영향력을 미치지 못하는 그런 상황 속에서만 생활했기에 독서 토론과 같은, 비공식적인 장소에서만이라도 자신을 드러내고 싶었을 터입니다. 하지만 저는 그런 사람의 마음을 이해하지 못했습니다.

한 사람의 마음이 담긴 말을 듣는 것은 누군가의 삶을 볼 수 있는 기회입니다. 한 사람의 인생이 그의 말에 집약되어 나온다면 이를 계기로 사람에 대한 관찰의 힘을 기르고 공감의 능력을 키우는 기회로 삼을 수 있습니다. 나와 생각이 다르다고, 내가 말할 시간이 없다고, 함부로 상대방을 평가하는 성급함처럼 저급한 일이 또 있을까요.

다행히 좋은 분위기에서 그 모임은 끝났습니다. 그리고 귀갓길을 재촉하는 그 순간 그 '할 말 많으셨던 분'이 진행자에게 조용히 말하는 걸 저는 얼핏 들었습니다.

"제가 말이 길었어요. 다만 앞으로는 듣는 분들도 잘 살펴보며 이야기하겠습니다. 중간에 잘 말씀해주셔서 마음이 편했습니다. 고맙습니다."

표현이라는 거, 참 쉬운 거 같으나 어렵습니다. 표현을 잘하는 거도 어렵지만, 표현 그 자체에 어려움을 겪으시는 분도 많습니다. 그 표현에 어려움을 겪는 사람이 다름 아닌 우리의 사랑하는 자녀가 되어서는 곤란하지 않겠습니까. 하고 싶은 이야기가 많은 자녀를 발견한다면 귀찮음이 아닌 행복함을 느끼시는 부모님이 되시기를 바랍니다.

표현에 있어서 최소한의 시작, '인사'

언젠가 말 잘하기로 소문난 한 방송인이 자신의 소통 비결에 대해 이렇게 말한 적이 있습니다. "앉아 있으면서 누군가가 내게 다가오길 기다려서는 안 된다고 생각했습니다. 그래서 제가 먼저 다가섭니다. 제가 먼저 웃고 또 인사합니다. 혹시 어디에서 만난 제가 바보처럼 웃으며 인사해도 오해하지 마십시오. 제가 정신을 살짝 놓은 것이 아니라 오직 소통하고 싶어서 그런 거니까요."

그의 성공 뒤에는 자신이 먼저 다가가기 위한 부단한 노력이 있었습니다. 그의 말 그대로 남과 친해지려는 노력이 그를 승리자로 이끈 겁니다. 그렇습니다. 인사도 일종의 강력한 자기표현 수단입니다. 이 방송인의 말을 빌리자면 용기일 테고요. 그러니 인사하는 것 하나도 잘해야 합니다. 이것을 잘해내지 못하면 인성 혹은 지능을 의심받는 경우가 생길지도 모릅니다.

제 이야기를 잠깐 해보겠습니다. 저는 비흡연자입니다. 거리에서 담배를 입에 물고 연기를 뿜으며 앞서 걸어가는 사람을 보면 화가 납니다. 그런 제가 마음속으로 역겨운 담배 냄새도 기꺼이 참아내겠다고 결심하게 된 사건이 있었습니다.

제가 회사에서 신입이었을 때, 제가 속한 팀은 지독한 흡연자들이 가득한 그룹이었습니다. 오후 한가한 시간이면 우르르 몰려나가 자리를 비우는 사람들의 뒷모습을 보며 저는 한심하다고 생각했습니다. '회사에 일하러 오는 거야, 담배 피우러 오는 거야?' 그러던 어느 날, 잠시 외출할 일이 있어 흡연 구역을 지나게 되었는데 그곳에 있던 선배 하나가 저를 보더니 "투명 인간 온다!"라고 하더군요.

저도 모르는 사이에 선배들에게 '투명 인간'으로 취급되고 있었던 겁니다. 왜 나에게 이런 별명이 붙었을까? 궁금했습니다. 그 자리에 함께 있던 한 선배에게 찾아가 이유를 물었습니다. 이렇게 충고하시더군요. "너는 앉아서 일만 하면 그게 회사 생활 끝인 줄 알지? 다른 사람들과 정서적 교감도 나눠봐. 그게 부족해서 어느 순간부터 너를 투명 인간이라고 부르게 된 거야."

일터에서 우리는 상사, 동료, 후배들과 함께하는, 기억에 남고

의미가 있을 만한 시간과 장소를 만들어내야 합니다. 그게 바로 자기 존재를 드러내는 것이고 이를 위해 적절한 표현의 기술이 필요한 겁니다. 우리가 지금 말하고 행동하는 것들은 우리가 훗날 자리를 떠나더라도 누군가가 와서 "이곳에 오니 그 사람이 생각나는군!"이라고 말할 수 있는 추억의 이유여야 합니다. 저는 그걸 못 했죠.

일터라는 곳은 업무의 시너지가 상승효과를 제대로 내는 시작이 딱딱한 회의실이 아니라 카페 앞에서 우연히 만난 다른 부서 지인을 향해 "요즘 바쁘시죠? 언제 밥이라도 한 끼 같이 해요"라는 가벼운 인사라는 것쯤은 아실 겁니다. 이 인사의 중요성에 대해 우리 아이들도 잘 알았으면 합니다. 표현력을 드러내는 시작은 인사이기 때문입니다.

하지만 이렇게 말하는 저 역시 어른으로서 인사를 하고 인사를 받는 것에 인색합니다. 언젠가 아파트 엘리베이터를 탔는데 한 초등학생이 타고 있었습니다. 대뜸 저에게 인사를 하더군요. "안녕하세요." 아마 제 아이의 친구였나 봅니다. 저는 당황해서 "네?" 하고 말았습니다. '넌 누구니?' 하는 표정과 함께.

세상을 아름답게 만든다는 건 그리 어려운 일이 아닙니다. 인사를 잘하고, 또 인사를 잘 받아주는 것만 잘해도 우리는 주변 사람과 아름답게 잘 살아갈 수 있을 겁니다. 저는 그렇게 하지 못했습니다. 아이의 친구는 그걸 하고 있었고요.

다음에 혹시 그 친구를 만나면 미안한 마음을 담아 저부터 인사하겠습니다. "안녕. ○○ 친구인가 보구나. 인사성이 밝아서 좋네. 고맙다." 인사와 같은 작은 것 하나가 나와 타인의 관계를 좌우합니다. 어떻게 인사할 것인지, 그 말과 행동을 표현의 기술로 보아 훈련해야 할 이유입니다. 누군가의 이름을 불러주고, 누군가에게 먼저 인사하고, 누군가의 말에 귀를 기울이고, 누군가의 인사에 환하게 웃으며 답례하는 것, 이건 부모는 물론 자녀들 역시 기억해야 합니다.

우리가 쉽게 보는 인사가 공동체의 분위기 자체를 획기적으로 바꾼다는 점도 확인해봐야 합니다. 실제로 인사 하나만으로도 학교폭력이 줄어들었다는 사례도 있으니까요.

"안녕하십니까." 쉬는 시간 종이 울리자 복도로 쏟아져 나오던 아이들이 교사 쪽으로 약 3m 앞까지 다가오더니 배꼽 쪽에 양손을 모아 잡고 허리를 60도 이상 굽혀 인사를 한다. 교실을 이동할 때 한 줄로 질서정연하게 걸어가면서도 인사를 잊지 않았다. 서울 서대문구 ○○초등학교 학생들은 인사성이 참 밝다. 그러나 이 학교는 3년 전까지만 해도 달랐다. 학생 간의 잦은 다툼은 물론이고 학생 절도 사건이 발생

할 정도로 열악했다. 하지만 아이들이 인사를 잘하면서 차분해지고 수준차도 줄었다. (중략) ○○○ 교장은 인사법부터 가르쳤다. 그것도 아이들이 아니라 교사들부터였다. 아이들도 자연스레 따라 하기 시작했다. 인사를 하려고 아예 배꼽 앞에 손부터 놓고 맞잡고 걷는 아이들이 늘어나면서 복도에서 뛰거나 심한 장난을 치는 아이들도 줄었다.

출처: 이한나 · 이선희, "배꼽인사·존댓말에 학교폭력 사라졌죠" 中 일부 수정,
매일경제, 2012년 4월 16일

표현은 결국 자기를 드러냄입니다. 그 드러냄의 시작은, 그리고 완성은 인사, 이것 하나일지도 모르겠습니다. 저 개인적으로도 인생을 살면서 사람과 사람의 만남, 즉 관계를 맺을 때 인사만큼 중요한 것이 있을까 하는 생각을 해봅니다. '인사만 잘해도 사회에서 성공할 수 있다'라고 말은 하지 못하겠으나 '인사를 잘 못하면 사회에서 불이익을 얻을 수 있다'라고는 말할 수 있을 것 같습니다.

우리 아이들에게 인사 하나만이라도 잘하도록 가르쳐주세요. 인사할 때는 눈을 쳐다보라고, 이왕이면 웃으면서 밝은 표정으로 인사를 하도록 권해주시고요. 인사를 반갑게 주고받음으로써 서로 소통하는 법을 깨우치는 우리 아이들이 되기를, 먼 훗날 우리 아이들이 직장이든 어디서든지 인사를 잘 해서 주위 사람들로부터 인정받고 성공하기를 바랍니다.

나와 다른 타인의 생각에
1cm 더 가까워지기 위한
표현력 수업

샌클턴Shackleton 이라는 사람이 있습니다. 지금으로부터 100여 년 전 최초의 남극대륙 횡단에 도전했던 인물입니다. 안타깝게도 그의 도전은 실패로 끝났습니다. 하지만 세상은 그를 지금까지도 사상 최고의 리더 중 한 명으로 받아들입니다. 왜일까요? 거친 파도, 눈보라, 배고픔 등과 사투를 벌이는 항해 중 난파를 당해 전원이 사망할 상황에서 탁월한 리더십을 발휘하여 대원들을 구했기 때문입니다. 특히 샌클턴이 남극대륙 횡단에 도전하면서 사용했다는 대원 모집 광고가 인상에 남습니다. 아래의 내용이 그것입니다.

'근대 구인광고의 효시'로까지 불린다는 이 몇 줄 안 되는 문장 중에서도 특별히 눈에 띄는 한 단어가 있습니다. '인정'이 그것입니다. 그 어렵다는 인류 최초의 남극대륙 횡단에 사람들이 선뜻 도전하게 된 데에는 '인정받음'이라는 단 하나의 키워드로 충분했습니다. 멀쩡한(?) 사람을 남극대륙 횡단이라는 극한의 위험에 도전하게 만든 마법의 단어였습니다.

무엇인가를 원한다면 먼저 그 원하는 상대방을 향해 '인정'이라는 키워드를 가득 담아 말하고 행동해야 합니다. 비슷한 사례는 우리 주위에서도 얼마든지 찾아볼 수 있습니다. 밥집을 하는 한 어머니의 이야기를 신문에서 보게 되었습니다. 밥집 하나로 큰 성공을 이끌었다는 그분의 비밀은 무엇이었을까요?

그분은 한 지역에서 식당을 시작할 때마다 우선 주변의 정육점부터 찾았고 바로 단골이 되었다고 합니다. 국밥을 내려면 잡뼈나 자투리 고기, 내장 부속 등이 필요한데, 단골이 되면 이런 것들을 그냥 주기도 했기 때문이라고 합니다. 그렇다면 자주 찾아가고 많이 구입한 것만이 주변 정육점의 단골이 된 비결일까요? 아닙니다. 자신에 대한 겸손과 상대방에 대한 인정이 핵심이었습니다. 아래는 그분의 따님이 전한 이야기의 일부입니다.

"엄마가 정육점 단골이 되는 비법은 의외로 간단했어요. 우선 고기를 통째로 받아 분해 작업까지 하는 정육점을 찾은 후에 한동안 매일 가서 고기를 사셨죠. 국거리로는 업진양지와 차돌양지를 섞어서, 불고기로 떡심 박힌 등심을, 내장과 선지를, 다양하게 특별하게 골랐는데 이때 중요한 것, 잘난 척하지 않으셨어요. 언제나 겸손하게 주인에게 조언을 구하셨죠. 그러다 보면 어느새 주인이 먼저 엄마를 찾았어요. 좋은 소가 들어왔어, 업진을 떼어놨으니 가져가. 이거 봐봐, 물 먹인 소 같은데 어떻게 생각해? 엄마는 장사하기 좋은 상대가 아니라 훌륭한 고객이자 단골 친구가 된 거였죠."

출처: 천운영, "[세상사는 이야기] 소통하기 어렵다고?", 매일경제, 2013년 8월 2일

장사 좀 했다고 거들먹대기보다는 상대방의 조언을 구하는 모습이 아름답습니다. 말하기 이전에 인정할 줄 알았고, 말하기 이전에 들을 줄 알았으며, 장사꾼으로 다가서기 이전에 상대방과 친구가 되었습니다. 그렇게 이분은 자신의 영역에서 최고가 되었던 것이고요. 우리 아이들이 섣불리 표현을 하기 전에 배워야 할 태도입니다.

우리 아이들도 인정하는 것에 익숙해지길 바랍니다. 상대의 의견 중에서 '이런 점은 좋은 것 같아!'라고, '네 말도 일리가 있어!'라고 표현할 줄 안다면 아이들이 그 누구와도 대화를 잘 이끌어 나갈 수 있을 테니까요. 자신과 의견이 다르다고 해서 '그건 좀 아닌데?'라며 정면으로 부정하는 말투는 자제할 줄 알았으면 좋겠습니다.

물론 쉽지 않습니다. 사람은 타인이 한 제안이나 선택을 자신의 것으로 생각하지 않으니까요. 예를 들어볼까요. 아이가 서너 살만 되어도 양말 하나도 자신이 선택해서 신으려고 합니다. 옷이요? 신발이요? 말할 것도 없습니다. 부모님이 생각하는 예쁘고 좋은 옷을 입혀줘도 돌아오는 건 비명에 가까운 울음소리가 대부분입니다. 사실 이런 현상은 스스로 독립된 개체로 살아가는 성장 과정상의 자연스러운 현상입니다.

그러니 타인에 대한 인정이 얼마나 어려운지 알 수 있습니다.

하지만 그렇다고 해서 인정하기를 멈추는 건 인생을 살아감에 있어 중요한 표현의 기술 하나를 잃는 것이나 마찬가지입니다. 있는 현실 그대로를 수용하고 인정하면서 해결책을 찾아야 합니다. 현실을, 그리고 상대방을 인정하지 않으면서 상황을 바꾸는 일은 어려운 일이니까요.

물론 부모가 먼저 아이들의 말과 행동, 즉 표현에 대해 적극적으로 그리고 너그럽게 인정하는 모습을 보여야 합니다. 부모가 자신을 인정하는 모습을 반복적으로 듣고 보게 된 아이들은 그제야 비로소 타인도 인정할 수 있게 되니까요. 그러다 결국 인정할 줄 아는 우리 아이들로 성장하게 된다면 설령 자기의 생각과 정반대의 의견을 친구로부터 듣는다고 하더라도 직설적으로 자신의 반감을 표현하는 대신 다음과 같이 말할 수 있을 겁니다.

"네가 그렇다고 하니까 말인데, 나는 이런 것도 괜찮다고 생각하고 있었어."

"네 의견에 대해 생각했는데, 혹시 이렇게도 생각해볼 수 있지 않을까?"

"그렇구나! 정말 그럴 수도 있어. 나는 이렇게 생각했는데 어때?"

상대방인 우리 아이들의 친구도 자신의 의견을 수용하고 한 번 더 생각해줬다는 점에서 설령 반대 의견을 듣는다고 할지라도 언짢아하지 않을 겁니다. 상대의 의견에 전적으로 찬성하기 힘든 상황에서도 일부는 받아들임으로써 서로 의견을 나눌 기회를 높여가는 일종의 '맞장구' 방식의 표현법이 되는 거겠죠.

우리 아이들이 원하는 것을 얻기 위해서라도 상대방을 인정하는 말을 하는 것에 거리낌이 없어야 합니다. '인정한다'는 '사랑한다'와 유사한 말이니 결국 아이들이 해내는 인정이란 세상에 대한 사랑과 연결됩니다. 즉, 사랑이란 결국 상대방을 있는 그대로 인정하는 것에서 시작되는 것이죠. 실제로 사랑이란 상대방을 알아채는 것에서 시작되는데 그건 상대방이 좋아하는 것을 알아내는 것에서 비롯됩니다.

A가 B를 사랑한다고 해볼까요. A는 무엇을 해야 할까요. 사랑한다고 생각만 하면? 아무 일도 안 일어납니다. 사랑한다면 우선 상대방이 좋아하는 것이 무엇인지 아는 게 먼저입니다. 상대방이 좋아하는 것을 인정하겠다는 마음가짐이 우선인 거죠. 상대방인 B가 꽃을 좋아하는지, 매운 음식을 좋아하는지, 영화를 좋아하는지, 여행을 좋아하는지….

다음에는? 그렇습니다. 알았으면 행동으로 옮겨야 합니다. 매운 음식을 사주고, 영화를 같이 보러 가고, 여행도 함께하는 것이죠. 사랑하고 싶은 상대방이 있다면 상대방이 좋아하는 걸 알아차린 후에 그것을 하는 것에서 사랑이 완성됩니다. 그렇습니다. 우리 아이들이 지녀야 할 표현력은 결국 사랑에 관한 이야기입니다.

서로 인정하고 인정받으며, 궁극적으로는 함께 원하는 것을 얻어내기 위해서라도 사랑이라는 건 우리 아이들이 자기의 표현에서 늘 생각해야 할 개념입니다. 그렇게 자기 주변을 둘러싼 타인을 인정하고 또 사랑하는 표현에 아낌이 없는 자녀들이 되었으면 합니다. 세상을 인정하고 사랑하는 표현을 한 만큼 아이들도 인정받고 사랑받을 테니까 말이죠.

이를 위해서 자녀와 서로 1cm 더 가까워지기 위한 노력을 해보는 건 어떨까요. 아이와 편하게 이야기할 시간과 장소가 생겼을 때 서로에 대해서 질문하고 대답하는 것입니다. 일종의 '한 걸음 더 다가서기 연습'이라고 할까요. 부모가 먼저 자녀에게 물어보고 그에 대한 대답을 잘 경청해주는 것이죠. 예를 들어 다음의 질문 목록을 활용해보는 것도 좋겠습니다.

1cm 더 가까워지기 위한 표현 연습용 질문 리스트

① 아빠는 네 나이 때 좋아하는 간식이 ○○였는데, 너는 지금 뭘 제일

좋아하니?

② 엄마는 네 나이 때 즐겨하는 놀이가 ○○였는데, 너는 지금 뭘 제일
좋아하니?

③ 아빠는 네 나이 때 즐겨보던 만화가 ○○였는데, 너는 지금 뭘 제일
좋아하니?

④ 엄마는 네 나이 때 제일 좋아하는 연예인이 ○○였는데, 너는 지금
누굴 제일 좋아하니?

⑤ 아빠는 네 나이 때 가장 재밌었던 영화가 ○○였는데, 너는 본 것
중에 뭐가 제일 재밌었어?

⑥ 엄마한테 들었던 말 중에서 가장 좋았던 말은 뭐였니?

⑦ 아빠에게 듣고 싶었던 말이 있었다면 무엇이었니?

⑧ 친구에게 들은 말 중 제일 기뻤던 말은 뭐였어?

⑨ 어떤 친구와 가장 친하게 지내고 싶니?

⑩ 어느 순간에 가장 기뻤니?

한 걸음 더 가까워지기 위한 질문 리스트를 만들어놓고 아이와
많은 시간을 이야기할 수 있게 된다면, 아마 어느새 아이는 부모
뿐만 아니라 친구들과도 좋은 관계를 유지하는 표현에 익숙해져
있으리라 예상해봅니다.

칭찬받기의 기술,
'수용 → 감사 → 전파'
그리고 '역칭찬'

'칭찬하기'보다 어려운 '칭찬받기'에 대해 이야기를 해보고자 합니다. 칭찬을 하는 것보다 받는 게 더 어렵다고? 의아할 겁니다. 하지만 사실입니다.

저는 소통 관련 특강을 할 때 이 말을 꼭 합니다. "칭찬을 경청하세요." 칭찬을 경청하라니, 무슨 말일까요? 직장에서 상사가 당신에게 칭찬하는 경우라고 해볼까요. 칭찬을 들은 당신, 어떻게 답하나요. "김 대리, 정말 고생했어요. 불리한 상황에서도…." 이 말을 들은 당신의 반응이 궁금합니다. 대답이 생각보다 자신의 가치를 엉망으로 하고 상대방을 우습게 만드는 경우가 많거든요.

제 경험을 말씀드려보겠습니다. 팀장을 할 때의 일입니다. 팀 구성원의 노력으로 큰 수주를 하게 되었습니다. 수주를 성공적으로 이끈 팀원과 함께 해당 수주에 대해 임원께 보고할 때였습니다.

임원 : 김 팀장, 그리고 박 과장. 정말 고생했어요. 불리한 상황에서도…

팀장 : 네? 에이… 뭐 그런 말씀을 굳이 하시고. 사실 별거 아니었습니다.

임원 : …

임원은 잠시 후 팀원을 회의실 밖으로 나가게 한 후에 나를 따로 불러서 이렇게 말씀하셨습니다.

임원 : 김 팀장. 상사가 칭찬할 때는 다 이유가 있어서 그런 겁니다. 아무것도 아닌 것을 칭찬할 정도로 한가한 게 아니란 말입니다. 칭찬을 잘 듣는 것도 직장인이 갖추어야 할 센스 중의 하나입니다. 앞으로는 상대방의 칭찬을 경청하고 또 그에 걸맞게 대답할 수 있도록 하세요.

부끄러웠습니다. 임원에게도, 그리고 자리에 함께 있었던 팀원에게도 말입니다. 이후로 저는 칭찬을 듣는, 아니 칭찬을 경청하는 법부터 고민했고 이후로는 칭찬을 들었을 때 다음의 3단계를 거쳐서 대답하려고 노력하는 중입니다.

칭찬하기보다 더 어렵고, 그만큼 더 중요한 칭찬받기의 3단계

[1단계] [수용] 네, 정말 쉽지 않았습니다. 하지만 정말 다행입니다.

[2단계] [감사] 알아주시니 감사합니다. 상무님의 조언도 큰 힘이 되었습니다.

[3단계] [전파] 팀 내의 구성원들에게도 이번 사례를 잘 전파하도록 하겠습니다. 고맙습니다.

칭찬은 상대방과의 관계를 더 가까이 만드는 결정적 계기가 됩니다. 이때 칭찬하는 사람의 입장만큼이나 칭찬을 받는 사람의 태도도 중요합니다. 자녀와 부모 사이에서도 마찬가지입니다. 자녀의 칭찬에 아빠와 엄마의 감사가 제대로여야 합니다. 그래야 아이들 역시 이후에 자신 역시 칭찬을 받았을 때 적극적으로 감사를 표현할 수 있습니다.

저를 돌아봅니다. 아이가 태어나서 어렸을 적만 해도 '나는 아이에게 세상에서 가장 친한 친구가 될 거야!'라고 다짐했습니다. 하지만 지금의 모습은 글쎄요. 아이와 대화할 때는 늘 진정성 있게 최선을 다해야 했으나, 어쩌면 최선을 다했음에도, 그 최선이 올바른 방법이 아니었기에 부모-자녀 대화의 문이 어느새 닫혀버린 건 아닌가 하는 걱정도 듭니다.

지금의 저는 자녀와 대화의 양을 늘리는 것 이상으로 대화의 질도 관심을 두고 있습니다. 그 대표적인 것이 칭찬하고 칭찬받으며 서로에게 감사의 마음을 표현하는 겁니다. 아이와 부모의 화목한 관계는 잔기술로만 완성되기는 어렵습니다. 마음에 담아둔 감사의 생각을 어색하지만 그래도 용기를 내어 부모가 자녀에게, 자녀가 부모에게 말할 수 있어야 합니다. 먼저 부모가 해야 합니다.

일터에서 집으로 가면서 아이가 좋아하는 아이스크림을 삽니다. 문을 열고 들어서자 아이가 반깁니다. 곧 아빠의 손에 든 아이스크림을 본 아이가 아빠를 향해 말합니다. "아빠, 아이스크림 사 오신 거예요? 아빠 너무 좋아요!" 일종의 칭찬인 셈이죠. 이때 아빠의 말은 어떠해야 할까요? 혹시 "아빠가 아이스크림 사 왔는데… 너 숙제는 다 했어?"라고 말하는 건 아니겠죠?

이제 저라면 이렇게 말하겠습니다.

[1단계] [수용] 응, ○○가 생각나서 아이스크림 사 왔어.

[2단계] [감사] 그런데 ○○가 알아주니 고마운데? 거기에 아빠 좋다고 하니 아빠도 기분이 좋아!

[3단계] [전파] 엄마에게도 ○○가 아이스크림 좋아한다고 말해줄게.

사회생활이 아니다 보니 3단계인 '전파'까지는 아니더라도 1단계인 '수용' 그리고 2단계인 '감사'의 표현 정도는 충분히 할 수 있겠죠? 이런 말을 부모에게 듣고 자란 자녀라면 그 누구와도 좋은 관계를 유지할 수 있을 겁니다. 물론 칭찬을 받는 걸 어색하고 불편하게 여기는 사람들이 있습니다. 칭찬을 받으면 기쁜 동시에 뭔가 부끄럽고 어색해서 "아이고 아니에요"를 연발하면서 도망가고 싶어 하기도 하죠.

우리 아이들이 칭찬받는 걸 어색해한다면 '너는 왜 아빠의 칭찬에 그렇게 소극적으로 반응하는 거니?'라고 타박하기 전에 혹시 아이들이 부모의 칭찬을 일종의 기대로 받아들여 자기의 현재 상태와의 괴리에 대해 고민하고 그만큼 '퍼포먼스'를 보여야 한다는 압박감을 갖고 있는 건 아닌지 세심하게 살필 필요도 있습니다.

이를 위해 부모가 자녀를 향해 칭찬할 때도 아이의 전반적 속성에 대한 것보다는 소박하지만 작고 특정한 행동에 초점을 맞춘 칭찬을 통해 아이가 칭찬을 잘 받아낼 수 있도록 하는 게 좋습니다. 예를 들어 '넌 정말 예의 바른 아이야!' 라고 하는 것보다는 '넌 정말 인사를 잘하는구나!' 라고 하는 칭찬이 더 좋은 것이죠. 이때 우리 아이들이 칭찬을 받아낼 용기를 갖고 이렇게 대답할 수 있기를 바랍니다.

[1단계] [수용] 네. 인사는 잘해야 한다고 생각해요.

[2단계] [감사] 그걸 아빠가 알아주니 고마워요. 기분도 좋고요!

[3단계] [전파] 동생에게도 엄마, 아빠에게 인사 하나만큼은 잘하자고 말할게요.

갑자기 [4단계]가 필요하다는 생각이 듭니다. 이렇게 말이죠.

[4단계] [역칭찬] 제가 잘하는 인사를 알아주는 아빠가 너무 좋아요.

이런 아들, 딸… 우리의 자녀이기를 기대해봅니다.

자녀의 섣부른 표현이 누군가에게 잔인한 상처로 남는다면…

말에는 힘이 있습니다. 칭찬 등의 반응은 적극적인 사고를 유도하고 질책 등의 반응은 상대방에게 소극적 사고를 유발하게 됩니다. 표현은 그 자체로 인간관계가 되는 이유입니다. 대인관계에 대한 그 수많은 고민도 결국 표현, 이것을 어떻게 다루냐에 따라 달라집니다. 표현은 부모와 자녀의 관계도, 친구 관계도, 더 나아가 인간 사회 형성에도 영향을 미칠 수밖에 없습니다.

그렇다면 표현력을 키우는 것, 무작정 말의 양을 늘리는 것에서 시작하는 게 옳은 것일까요. 아닙니다. 오히려 지금의 세상은 말이 많아지면 몸과 마음에 해로운 경우가 많습니다. 우리 아이들이 자신의 표현에 조심스러워야 할 이유입니다. 학창 시절의 말

한마디, 행동 하나가 성인이 되었을 때까지 꼬리표로 붙어 아이들을 괴롭힐 수도 있기 때문입니다. 특히 저열한 표현의 사용에는 주의해야 합니다.

얼마 전의 일입니다. 길을 가다가 한 중학생 아이가 자신의 친구에게 "장애인이냐?"라며 빈정대는 걸 보게 되었습니다. 소름이 끼쳤습니다. '도대체 저게 무슨 말이지?' 하는 당혹감이 들었습니다. 집에 와서 아이들에게 제가 본 상황을 이야기하니 무엇인가를 잘못하는 친구들에게 농담처럼 하는 말이라고 하더군요. 농담처럼이라고? 충격이었습니다.

아이들의 말이 이렇게 폭력적이어서는 곤란하지 않나요. 그 말들, 지금이야 어리다는 이유로 용서될 수 있을지는 모르겠습니다. 하지만 결정적인 순간에 자신의 말이 부메랑으로 돌아온다는 사실을 잘 알려주어야 하는 것, 우리 부모의 의무가 아닐까 합니다. 아무리 편한 사람들과 함께하는 자리에서도 말을 조심해야 하고, 부정하거나 의심스러운 대화에는 접근도 하지 않도록 해야 하는 거죠.

소설 《위대한 개츠비》의 첫 부분에는 이런 내용의 글이 나옵니다. "내가 어렸을 적에 아버지가 충고했다. 그 말이 기억난다. '누군가를 향해 비판하고 싶을 때는 이 점을 반드시 기억해 둬라. 세상의 모든 사람이 다 너처럼 유리한 입장에 서서 있는 게 아니라는 것을." 우리 아이들이 친구들에게 말을 할 때 혹시 스스로 유리한 입장에 서서 있는 것은 아닌지 고민할 줄 알기를 바랍니다. 말이라는 게 잘못하면 상대방에게 씻을 수 없는 마음의 상처로 남는다는 걸 부모들이 가르쳐야 합니다.

사실 우리 부모들도 말과 행동을 통해 자신을 드러내려 합니다. 자기 말에 힘이 있는지 없는지를 궁금해하고, 자기 행동에 대해 상대방이 어떻게 나올까를 신경 곤두세우며 바라보는 거죠. 자기 말이 상대에게 잘 전달되지 않는 것 같으면, 상대방의 말이 자기의 예상을 빗나가면, 성질을 부리고 짜증을 냅니다. 자신의 입에서 나오는 '섣부른 악플'을 조심하고 '조심스러운 무플'이 오히려 낫다는 걸 알아야 함에도 말입니다.

참고로 개인적으로 가장 하고 싶지 않은 말, 아니 듣고 싶지 않은 말이 있습니다. 누군가가 제 마음에 이미 커다란 상처를 줘놓고선, 고통에 몸부림치는 저를 보면서 "내 의도는 그런 게 아니었다"라고 사과(?)하는 표현이 그것입니다. 이처럼 무지하고 잔인하며 답답한 말이 또 있을까요. 저는 말하고 싶습니다. 자기 의도를 잘 전달하지 못하는 것 그 자체로서 이미 그는 '대화 무능력자'라는 사실을 말입니다.

말이 많아지면 재앙이 될 수 있습니다. 말을 많이 하는 건, 사실 이미 우리 부모들이 겪은 그대로 여러 사람이 꺼리는 바입니다. 자신의 표현에 신중하지 않으면 재앙과 액운이 이로부터 비롯됩니다. 아이들의 말이 시비를 다투고 헐뜯는 거에 익숙해져 있다면 어쩌면 언젠가는 인간관계의 측면에서 불이익을 혹은 고통을 겪을 수도 있습니다.

표현하는 것만큼 해야 할 말이 무엇인지 고민하는 자세가 우리 아이들의 마음속에 있기를 바랍니다. '죄송한데. 제가 갈 수 있도록 해주시겠습니까?'라며 상대방 중심적 표현을 쓰는 아이와 '길 좀 비켜주세요'라며 자기중심적 표현을 쓰는 아이, 누가 더 이 세상에서 인정받고 존경받을 것인지는 너무나 명확하기 때문입니다.

아직 우리 아이들은 어립니다. 아이가 작을 때는 근심도 작습니다. 하지만 지금이야말로 미래에 생길 큰 근심을 미리 줄이는 기회라는 점도 기억해야 합니다. 아이가 성장하면서 근심도 커지게 마련인데 그중에서도 아이들이 자신의 표현으로 인해 스스로에 대해 어려움을 겪는 걸 막아야 합니다. 이를 도와주는 건 부모여야 하고요.

말이 폭력이 되어선 안 됩니다. 개인적으로 부모의 자녀에 대한 '자녀교육의 마지노선'은 손을 대지 않는 거라고 여기는데 여기에는 폭력적인 말도 포함됩니다. 부모가 자녀를 향해 손가락 하나 건드리지 않아야 하는 것처럼, 말 한마디도 마음 한구석 상하게 해서는 절대 안 됩니다. 왜냐고요. 그걸 보고 배운 아이들이 그대로 세상 밖에 표현하고, 또 행동하게 될 테니까요.

이제 아이들이 불필요하고 거친 말은 자제하고 좋은 말만 자기의 표현으로 받아들이는 것, 이를 우리 부모들이 도와주어야 합니다. 말이 폭력이 되지 않게, 행동이 폭행이 되지 않게.

"너라면 잘 말할 수 있을 거야.
한번 해봐.
잘 안되면 엄마가 도와줄게"

아이들이 자기의 말과 행동을 통해 작은 성공 경험을 축적하기를 바랍니다. 표현력과 성공 경험이 무슨 관계? 그 이유는 이러합니다. 아이들이 긍정적 경험에 대해 표현함으로 자기의 말에 자신을 갖는 게 좋기 때문입니다. 원하는 것을 얻었을 때, 뭔가 해냈다는 뿌듯함을 느낄 때 아무래도 적극적인 표현이 가능하기 때문입니다.

다만 여기에는 부모님의 자녀에 대한 적극적인 지지가 필요합니다. 어른이라는 '유리한' 입장을 이용해서 자녀에게 엄격한 통제만 이야기하고, 심지어는 손을 대는 야만적인 짓을 하고, 아이 앞에서 늘 강해지려 하는 부모 앞에서 아이들은 자기를 드러낼 용기를 잃게 됩니다. 자녀가 자기의 생각과 감정을 당당하게 표현하는 건 부모의 신뢰와 기다림이라는 것을 기억해야 할 이유입니다.

예를 들어 가끔은 아이가 난처하지 않게 사소한 실수는 못 본 체해 주는 것도 좋습니다. 아이의 작은 실수에도 불필요한 불신과 모욕감을 주어서는 곤란합니다. 아이들이 세상에 나가 언제나 자신의 의견을 잘 나타내기를 원한다면 아이에게 관심과 위로가 필요한 시점에 질책을 일삼는 부모가 되어서는 안 됩니다.

표현을 제대로 하는 아이가 되기를 원한다면 아이가 자신의 말에 지속적인 성공 경험을 쌓게 해주세요. 이때 성공 경험은 그냥 앉아만 있는다고 저절로 얻어지는 건 아닙니다. 자기에게 필요한 게 있다면 아이들이 스스로 찾아 나서도록 부모가 격려해야 합니다. 예를 들어볼까요. 아이가 엄마를 찾아와 "아빠하고 이번 주말에 동물원에 가고 싶어요"라고 말했다고 가정해볼게요. 이때 어떻게 대답하겠습니까?

① 학원 숙제는 했니?
② 응? 그래. 엄마가 아빠에게 말해볼게.
③ 아빠에게 직접 부탁해볼래? 아빠도 좋아할 거야.

저라면 ③과 같이 자녀와 소통하기를 권하고 싶습니다. ②가

당장 편할 수도 있겠으나 아이들이 자신이 원하는 것을 얻기 위해 무엇을 표현해야 하는지에 대한 기회를 빼앗는 것이기에 바람직하진 않습니다.

우리 아이들이 자신이 원하는 걸 얻기 힘들다고 해서 '어쩔 수 없다'라면서 스스로 변명하지 않았으면 하는 바람입니다. 부모님에게 용돈을 얻고 싶은 아이라면 엄마, 아빠에게 다가가서 용돈을 '요청'할 줄 알아야 합니다. 엄마에게 용돈을 받아야 하는데 아빠에게 용돈 이야기를 하는 아이가 되지 않아야 합니다.

어색하긴 해도 즐겁고 기쁜 일부터 요청하는 것에 익숙해져야 합니다. 그래야 말하기 힘든 것도 잘 표현할 수가 있게 되는 거니까요. 예를 들어 초등학교 5학년 아들과 4학년 딸을 둔 엄마에게 아들이 찾아와서 이렇게 투덜댄다고 해보죠. "엄마, 쟤는 나를 오빠라고 안 불러요. 왜 그러는 걸까요?" 자신을 오빠라고 부르지 않는 여동생에 대한 불만일 겁니다. 이때 당신이라면 어떻게 대답하겠습니까?

"응? '야'라고 부르면 기분이 나쁘니?"
"걔랑 원래 친하지 않은 것 같구나."
"그게 뭐 무슨 문제라고…"

이렇게 답하면 부모가 자녀의 표현력을 위해서 잘 답변해준 게 아닙니다. 아이의 표현력을 키워주고 싶은 부모라면 이렇게 대답하는 게 좋습니다.

"여동생, 저기 있는데… 직접 물어보는 게 어떨까? 해보고 잘 안 되면 엄마가 도와줄게."

불편한 일이 있을 때 그냥 무덤덤하게 받아들이는 것, 혹은 무작정 타인에게 의존하는 건 미덕이 아닙니다. 누군가에게 말하는 걸 두려워하는 것일 뿐이며, 그 두려움 뒤에는 귀찮음이 있는 거죠. 게으름의 일종인 겁니다. 용기가 없는 것이고요. 우리 아이들이 그렇게 되길 원하진 않으실 겁니다. 당당하게 세상에 맞서기를 바랄 테죠.

우리 아이들만큼은 자기의 일에 관한 한 스스로, 그리고 적극적으로 얘기할 줄 아는 사람이 되길 바랍니다. 직접 말할 수 있는 시간과 공간이 있음에도 불구하고 그것을 외면하면서 또 다른 누군가에게 하소연하는 건 자신의 용기 없음을 드러내는 일임을 깨닫는 것도 좋습니다. 말할 수 있으면 직접 자신이 얘기할 줄 아는 아이들이 되었으면 좋겠습니다.

나의 불편한 점을 나보다 더 잘 해결할 수 있는 사람은 없습니다. 그러니 엉뚱한 사람에게 자신의 불편함을 떠넘기는 태도는 옳지 않습니다. 우리의 아이들도 이제 일상에서 하나둘 자기 자신의 불편함과 마주할 순간이 잦아질 것입니다. 그때 그 불편함을 무시하지 말고, 외면하지 말고, 어딘가에 묵혀두지 말고, 자유롭게 얘기할 수 있어야 합니다.

누군가와 직접 마주치는 것을 두려워하면서 자신의 말할 기회를 하나둘 다른 사람에게 넘기게 되면 바로 그때부터 자기를 변명하는 것에 급급한 자신을 만나게 될 수밖에 없습니다. 일종의 말하기 불안증이 생기는 것이죠. 낯선 대화 환경, 자신감의 부재, 부정적으로 듣게 된 응답, 잘 모르는 내용에 대한 대답의 강요 등이 아이의 표현을 가로막게 되는 겁니다.

아이들이 자기표현을 통해서 성공 경험을 쌓고, 실수를 할 수 있음도 긍정적으로 수용하는 심리를 가지며, 두려움과 수줍음을 없애면서 자기 표현력을 높여가기를 바랍니다. 물론 이때 필요한 건 절대적으로 부모의 도움이라는 것은 우리가 알아야 할 것이고요.

효를 통해서
측정하는
내 아이의 표현력

저는 세 아이의 아빠입니다. 아주 가끔, 농담 반 진담 반으로 아이들에게 물어봅니다. "나중에 효도할 거야?" 유치하죠. 하지만 제가 원하는 효도라는 게 대단한 게 아닙니다. 나중에 가끔은 제 얼굴을 머리에 떠올려만 준다면 그것으로 만족합니다. 하나 더, 아이들이 자신의 몸과 마음의 건강을 잘 지킬 수 있으면 좋겠습니다.

"부모를 눈물 흘리게 한 자녀는 그 눈물을 닦아줄 수 있는 유일한 사람이다"라는 말이 있더군요. 효도란 자녀가 눈물을 부모에게 주고 다시 그 눈물을 어떻게 닦아주느냐에 있는 것 같습니다. 자녀가 부모에게 주는 건 아무래도 기쁨과 행복보다는 아쉬움과 걱정이 더 많을 수밖에 없기 때문이죠. 저 역시 마찬가지입니다. 뭘 해도 늘 걱정이죠.

그러는 한편으로 저 자신을 반성해봅니다. '나는 효도하고 있는가?' 저는 누군가의 아빠이지만 또 누군가의 아들이기도 합니다. '그 어머니에 그 딸' 혹은 '그 아버지에 그 아들'이라는 말처럼 저 자신부터 효도에 소홀한데 아이들이 저에게 효도할 리가 없지 않겠습니까. 그렇다면 이제 구체적으로 어떻게 행동하고 또 표현하는 것이 효도일지 생각해봅니다.

어렵겠지만, 아이들이 부모를 향해 자신의 마음을 표현하는 방법으로 하루 세 번 문안 인사하게 하는 건 어떨까 합니다. 너무나 강제적인가요? "지금이야 같은 집에서 함께 있지만, 나중에 아이들이 성인이 되어 함께 살지도 않는 현대사회에서 어떻게 하루 세 번 문안을 드릴 수 있겠는가?"라고 말할 수도 있겠습니다. 하지만 전화가 있지 않나요? 그도 아니면 카톡이라도 있고요.

"아빠, 오늘 출근하는데 못 봤어요. 좋은 하루 보내세요."
"엄마, 점심 드셨어요? 저는 잘 먹었어요."
"아빠, 늦으시네요. 저는 먼저 자요."

전화 목소리든, 카톡 메시지 등 관계없이 이런 말을 할 줄 아는 자녀, 사랑스럽지 않습니까. 이렇게 가정에서부터 자신의 부모를 향해 관심을 보일 줄 아는 아이들, 모든 관계의 기초체력이 되어 자녀의 진정한 표현 역량으로 축적될 겁니다. 부모를 배려할 줄 아는 자녀가 세상에 나가서도 상대방을 배려하는 사람이 될 것이고 배려할 줄 아는 우리 아이를 세상이 사랑하지 않을 수 없을 테니까요.

가정에서의 효는 세상의 모든 관계 맺음에 기초가 되는 예절입니다. 집에서 예의 없는 사람이 사회에 나가서 예의를 차릴 수가 없기 때문입니다. 효를 옛날의 고루한 관습에 불과하다고 생각하며 배척해서는 안 되는 이유입니다. 특히 아이들이 부모와의 관계에 있어 자신의 표현을 제대로 하여 효도를 실천하는 일에 충실하기를 바랍니다. 표현의 수준이 아이들의 관계 역량을 만들 테니까요.

좀 더 예를 들어볼까요. 이번에는 자녀 표현력의 수준을 '아빠, 엄마가 화를 낼 때'를 기준으로 다음의 세 가지 정도로 나눠 보겠습니다.

아빠, 엄마가 화를 낼 때
어떻게 대응하는지를 통해 알아보는 표현력 테스트

[하등(3류)] 부모가 화를 내실 때 그것을 마음에 담아두고 표정으로 드
러내는 자녀

[중등(2류)] 부모가 화를 내실 때 마음에는 담아두지 않고 표정으로도
드러내지 않는 자녀

[상등(1류)] 부모가 화를 내실 때 그것에 대해 죄송스러움을 깊이 받아
들이며 표현하는 자녀

당신의 아이는 몇 등급인지 궁금합니다. 최소한 이 책을 읽은
부모님의 자녀분들은 모두 상등 표현력을 지니기를 바랍니다.

피드백은 직장인이 되어
배우는 게 아니라
초등학교 때 배우는 것

한 성인聖人이 제자들에게 자신의 가르침 중에서 조금이라도 의심스러운 점이 있었는지 물었습니다. 제자들은 아무 말이 없었습니다. 스승의 가르침에 대해 감히 의심해본 적이 없기 때문이었습니다. 성인이 말했습니다. "의심하지 않는 것을 나에 대한 존중이라고 생각한다면, 나중에 너희 친구들에게라도 나에 대한 의문을 알리도록 해라."

성인은 그렇게 간접적으로라도 제자들의 의문, 의심 혹은 반대의견 듣기를 원했다는 이야기입니다. 진정한 스승의 태도를 보여주는 이야기라고 생각됩니다. 그리고 여기에서 '피드백feedback'이란 단어를 생각해봅니다. 아마 대학교를 졸업했거나 직장을 다녔다면 익숙한 키워드일 겁니다. 개인적으로는 이 이야기가 피드백의 개념을 제대로 설명한 최고의 사례라고 생각합니다.

사실 우리는 피드백을 회의가 끝날 때쯤에 윗사람으로부터 일방적으로 들어야만 하는 그 무엇으로, 혹은 강자인 상사가 약자인 부하에게 일방적으로 강요하는 지시 정도로 생각합니다. 저 역시도 그랬으니까요. 특히 리더의 입장일 때는 더 그러했습니다. 팀장으로서 팀원을 불러서 "홍길동 씨, 보고서가 체계가 없어요. 다시 써오세요" 이런 걸 피드백을 줬다고 여겼으니 부끄럽기만 합니다.

이름만 피드백이지 실제로는 '내가 말하는 거 잘 받아 적고 잘 기억해!'라는 일방적인 대화 수단으로만 사용했기 때문이죠. 여기에 피드백을 듣는 사람 역시 '나의 잘못을 지적받고 질책 사항을 군말 없이 받아들이는 과정'을 피드백이라고 생각하고 있다면, 피드백은 그 자체로 악(惡)과 같은 존재일 수밖에 없습니다.

'내가 더 많이 알고 있으니, 내가 더 높은 위치에 있으니, 당연히 상대방에게 충고할 수 있는 권리'가 피드백이 아닙니다. 피드백은 '당신이 알고 있는 것을 나는 모른다. 그러니 제발 더 많은 말을 해달라'가 제대로 된 의미입니다. 피드백 주는 사람의 '당연한 권리'가 아니라 피드백 요청하는 사람의 '정중한 부탁'입니다.

자녀와 대화를 잘 나누고 싶습니까? 그렇다면 피드백만 잘해주셔도 됩니다. "엄마, 나 짜장면 먹을까, 짬뽕 먹을까?" 했을 때 "그냥 빨리 아무거나 골라"라고 퉁명스럽게 대꾸하는 엄마와 대화를 계속 이어 나가고 싶은 아이는 아마 없을 겁니다. 아이에게 판단을 맡기되 그 판단에 존중의 의견을 표시하는 것, 이것이 바로 피드백입니다.

물론 피드백은 오직 부모만을 위한 말하기 스킬이 아닙니다. 우리 자녀들도 꼭 알아야 할 개념입니다. 하나 더, 피드백은 오직 말하기에만 한정되는 게 아닙니다. 더 잘 듣기 위해 상대방의 말에 반응하는 기술이기도 합니다. 그래서 우리의, 그러니까 부모와 자녀의 피드백은 앞으로 달라져야 합니다. 그동안 일방적인 소통의 피드백을 피드백으로 잘못 알고 있었다면 말입니다.

제대로 된 피드백을 하기 위해서 다음 두 가지를 염두에 두고 일상에서 부모와 자녀가 피드백 훈련을 해보기 바랍니다. 가정에서의 피드백 주고받기 훈련을 통해 그 어떤 곳에서도 표현하는 데 있어 자신감을 갖게 될 겁니다.

우선, 사람들에게 '질문'할 줄 알아야 합니다. 정중하게 상대방을 향해 나 자신에 대해 물어보는 것이죠. 상대방은 그 누구라도 좋습니다. 회사 동료든, 동호회 친구든, 아내든, 남편이든, 자녀들이든 모두 괜찮습니다.

"저는 사무실에서 어떤 사람으로 보였나요?"

"나는 집에서 어떤 남편이고 아빠야?"

"나는 일상에서 너에게 어떤 친구로 보여?"

둘째로 상대방의 답변을 '긍정'으로 받으면 됩니다. 그런데 이게 참 어렵습니다. 누군가의 말에 상처를 쉽게 받는 유형의 사람이라면, 부정적 피드백을 극복하지 못한다고 생각하면, 우선은 자존감을 먼저 키우는 게 피드백을 배우는 것보다 먼저일 수 있겠네요. 타인의 말을 겸손하게 받아들일 준비가 되어 있지 않다면 피드백을 받고 배우는 기회는 잠시 뒤로 미루어야 합니다.

세상은 이제 협업의 시대라고 합니다. 코로나19로 인한 재택근무 등으로 물리적 거리는 멀어졌지만, 소통의 도구가 다양해지면서 시간과 공간을 거슬러 접촉은 오히려 더욱 밀접해졌습니다. 이때 상대방의 말을 잘 받아들이고 다시 돌려주면서 적절하게 피드백할 줄 아는 건 큰 역량 중의 하나입니다. 어른만 그럴까요. 아이들도 마찬가지입니다.

'상대방의 말을 좀 더 잘 듣기 위함'이 피드백의 근본임을 깨닫고 상대방의 좋은 점을 아낌없이 받아들이겠다는 수용의 태도로서 친구를 받아들이는 것, 우리 아이들이 꼭 알았으면 하는 피드백 역량입니다. 단, 자신의 부족을 깨달은 겸손의 마음으로부터 피드백이 시작된다는 사실과 피드백의 성공 여부는 말하려는 사람의 몫이 아니라 들으려는 사람의 몫임을 아이들도 깨달아야 하겠지만요. '질문'과 '긍정'을 통해 일상에서의 피드백을 아낌없이 표현하는 자녀가 되기를 바랍니다.

PART 4

표현력의 쓸모

3초 만에
나의 아이를
1등급으로 만드는 법

자신감은 말하기로만 드러나는 게 아닙니다. 말수가 적은 아이가 '표현력이 부족하다'라는 오해를 받을 때는 답답합니다. 자기 자신을 꼭 말로만 표현할 수 있는 것은 아니니까요. 그리고 사람마다 성품과 성격이 다르기에 누군가는 자기를 표현하기까지 시간이 오래 걸립니다. 그런데 표현하지 않는다고 해서 '답답하다'라는 평가를 받는 아이들을 보면 오히려 제가 답답합니다.

세상이 조금 더 느긋하게 아이들의 표현을 기다리기를 기원하는 한편으로 그때까지의 시간적 공간을 어떻게 아이들이 헤치고 나아가야 할 것인지에 대해 이야기를 나누고자 합니다. 자기소개에 관한 것이죠. 우리는 공적으로나 사적으로나 이런저런 공간과 시간에서 자기소개의 기회(!) 혹은 강요(?)를 받게 됩니다. 이때 어떻게 자기를 드러내는지가 새로운 관계의 시작점에 중요한 역할을 합니다.

그렇다면 어떻게 자기소개를 해야 할까요. 저는 자기 이름 앞에 멋진, 괜찮은 키워드를 붙이는 것만으로도 얼마든지 훌륭한 자기소개가 된다고 생각합니다. 우리 아이들이 어느 공간과 어떤 시간에서라도 자기소개 하나만큼은 당당하게 해야 한다고 생각하기에, 그리고 그것은 생각보다 그리 복잡하지 않다고 생각하기에 여기에서 소개해보고자 합니다.

와인을 공부한 적이 있습니다. '무슨 술을 돈 주고 배우나? 그냥 사서 마시면 되는 거지?'라는 의문이 들 수도 있겠으나 공부해본 바에 의하면 그냥 사서 마시는 거보다 배워서 마시는 것이 훨씬 더 꽤 괜찮았습니다. 3개월에 걸쳐 주 1회 총 12회의 수업을 한 번도 빼먹지 않고 개근했는데 이는 가르쳐주는 선생님의 '내공' 덕분이었습니다. 그만큼 수업이 재미있었죠.

단순히 와인 마시는 것에만 한정된 수업은 아니었기에 더욱 흥미로웠습니다. 선생님께서 와인의 역사 등과 관련된 이야기는 특히 재미있었는데 그중에서 다음과 같은 말씀은 여전히 기억에 남습니다.

"프랑스 와인은 '명칭이 존재를 결정한다'라는 말이 있습니다. 현재 프랑스 최고 등급 와인은 1856년에 결정되었고 그게 지금까지 쭉 이어져 오고 있습니다. 그 가격들은 알다시피 어마어마하죠. 상당수가 의문을 품습니다. 과연 그만큼의 값어치를 하나? 실제로 프랑스 최고 등급 와인보다 더 나은 맛을 지닌 와인도 꽤 됩니다. 하지만 한 번 최고등급을 받은 와인은 그 자체로 최고라는 존재적 가치를 여전히 유지하고 있습니다. 프랑스 와인은 한 번 1등급이면 끝까지 1등급인 겁니다."

'한 번 1등급이면 끝까지 1등급'이라는 그 말이 꽤 오랫동안 사회생활을 해온 저에게도 깊은 인상을 남겼습니다. 프랑스 와인처럼 우리의 인생도 그런 것 같다고 생각했으니까요. 참고로 선생님께서는 프랑스 와인 시장의 냉정한, 어쩌면 '냉혹한' 세계를 다음과 같은 말로 끝냈습니다. "루이뷔통은 영원히 루이뷔통이고, 짝퉁 루이뷔통은 영원히 짝퉁 루이뷔통일 뿐입니다."

들기 불편한 말일 수도 있습니다. 하지만 세상이란 또 '그렇고 그런' 것이라는 점은 솔직히 인정하지 않을 수가 없습니다. 이런 세상, 변해야 합니다. 하지만 그 변화를 기다리기에는 우리의 현재 상황은 너무나 팍팍합니다. 이름값이라는 거, 절대 무시하지 못할 그 무엇이라는 것쯤은 우리 모두 동의하는 바일 것입니다.

지금의 상황에 더 당당하게 대응하기 위해서라도, 설령 우리 아이가 '짝퉁'의 수준밖에 안 된다고 하더라도 자기표현에 있어서 만큼은 '명품'이라고 말하기를 바랍니다. 거짓말을 하라는 게 아닙니다. 그저 자신의 장점을 자기의 이름 앞에 수식어로 붙이면 됩니다. 부모가 도와줘야 합니다. 아이들이 자기 이름 앞에 붙이는 키워드는 바로 자기 자신임을 알려줘야 합니다.

대단한 걸 붙이자는 게 아닙니다. 자기가 하고 싶어 하는 것이 무엇인지를, 자기 관심 분야가 무엇인지를, 혹은 무엇이 자신의 장점인지를 찾아낸 후에, 그래서 결국 무엇을 할 것인지를 고민하고 나서 자기소개하는 자신의 이름 앞에 수식어를 붙이면 됩니다. 이쯤에서 다시 와인 이야기로 되돌아가 봅니다. 제 와인 선생님께서는 이런 말씀도 하셨습니다.

"프랑스 와인 중에 '샤또 무통 로칠드'라는 게 있습니다. 이 와인은 원래 1등급 와인이 아니었다고 합니다. 하지만 이 와이너리는 자체 연구소를 만든 후 지속적인 품질 개선과 함께 1등급 와인에의 도전을 멈추지 않았다고 합니다. 그 도전의 기간이 얼마나 되는지 아십니까? 1923년부터 1973년까지, 무려 50년입니다. 결국 이곳에서 생산된 와인에 대해 1등급 판정을 받아냅니다. '50년 승급 전쟁'에서 승리한 샤또 무통 로칠드!"

50년이라니, 과연 저였다면 이름 앞에 붙는 수식어, 즉 1등급, 그거 하나를 위해 50년을 도전할 수 있을까요. 없었을 겁니다. 그것이 어쩌면 저와 프랑스 1등급 와인의 차이일 수도 있겠습니다. 이제 고민해야 합니다. 부모와 자녀 이름 앞에 지금 어떤 수식어를 붙일 수 있는지 말입니다. 이름 앞에 어떤 수식어를 붙이고 싶은지, 원하는 수식어를 붙이기 위해서 무엇을 해야 하는지도 생각해보면 좋습니다.

'시그니처 스타일signature style'이라는 용어가 있습니다. '자신만이 가진 옷차림의 핵심이나 틀'을 말하는데, 남과 나를 차별화하는, 유행이나 환경에 구애받지 않는 독특한 스타일을 말합니다. 패션만일까요. 어느 식당에 가든 우리는 그곳의 '시그니처 스타일' 요리를 궁금해합니다. 요즘 골프가 대중화되고 있는데 골프장도 역시 시그니처 스타일 홀을 하나씩은 가진답니다.

원래 '시그니처'란 단어 자체는 본인 고유의 필체로 자기 이름을 적는 것, 즉 '서명署名'을 뜻합니다. 사람이라고 하면 그 사람만의 고유한 정체성, 그 사람 하면 떠오르는 그만의 대표적 특성을 의미할 것이고요. 바로 이 시그니처가 우리 이름 앞에 붙는 수식어일 겁니다. 우리 아이들 이름 앞에는 어떤 수식어를, 시그니처로서 붙일 수 있을까요. 연습해볼까요.

아이 이름 앞에 수식어 붙이기(단, 긍정적인 수식어를 붙여야 함)

[사례1] 작은 것 하나부터 엄마, 아빠를 도와주는 혜미

[사례2] 친구에게 먼저 반갑게 인사하는 경민

※ 위의 [사례 1], [사례 2]와 같이 우리 아이 이름 앞에 수식어를 붙여 보세요.

☞ _____ ○○

(○○ 대신 자녀 이름을 넣습니다)

자기 생각을, 자기감정을 표현하는 것 이전에 자기 이름 앞에 멋진 수식어를 붙이는 우리 아이들이 되기를 바랍니다. '친구에게 먼저 반갑게 인사하는 ○○'라고 자신을 설정한 후에 이어지는 말과 행동은 그 어떤 장점보다도 친구 관계에 있어서 이로운 표현으로 작용할 것입니다. 그러니 우리의 자녀 이름 앞에 멋진 수식어가 붙여지도록 도와주십시오. 아름다운 아이들만큼이나 괜찮은 키워드가 붙기를 기대해봅니다.

세상을 향해
아낌없이
사랑을 표현하는 법

　사회인으로서, 그리고 아빠로서 저는 누군가에게 무엇을 주는 것에 서투릅니다. 나의 사랑, 나의 행복, 나의 기쁨… 누군가와 함께 나눌수록 좋은 것임에도 이것을 잘하지 못합니다. 반성합니다. '왜 그에게 그런 말을 했을까'라는 후회가 가득합니다. 늦었지만 이제라도 말과 행동으로부터 인정人情을 나누는 사람이고자 합니다. 저의 아이들도 그러하기를 바랍니다.

　아이들에게도 사랑 듬뿍 담긴 애정을 주는 대신 성적에 대한 압박만 주곤 했지요. 특히 사랑에 조건을 다는 말을 수도 없이 했습니다. '조용히 하면 아이스크림 사줄게'라는 말이 대표적일 겁니다. 조건부 사랑에 – 솔직히 이걸 사랑이라고 할 수 있을까요?

'조건부 협박'이지 — 익숙한 표현을 아이들에게 서슴없이 했습니다. 이를 부모가 아이에게 주는 선물이라고 착각하면서요.

'90점 이상 맞을 때까지 아빠한테 좋은 얘기 들을 생각하지마', '그 책 다 읽기 전까지는 TV 틀지 마', '학원 과제 다 하면 게임 30분 하게 해줄게' 등 조건으로 가득한 아빠와 엄마의 말을 들으며 자란 아이는 사랑을 표현함에 어려움을 겪는다고 합니다. 무엇인가 물질적인 걸 주는 것만이 중요하다고 생각하고, 또 그것도 조건을 달아야 한다는 오해를 할 수 있는 것이죠.

무엇인가를 아낌없이 준다는 사랑의 마음은 굳이 무엇인가를 지니고 있어야만, 또 그것을 조건을 달고 주는 것이어야만 완성된다는 것이 아님을 부모도 우리의 아이들도 모두 알았으면 합니다. 그저 자기가 이미 가진 것을, 그것도 충분함을 알고 있는 것만으로도 세상을 향해 아낌없이 줄 수 있는 여유 있는 사람이 될 수 있으니까요.

하지만 아이들은 어쩌면 자신이 가진 걸 잘 모를 수 있습니다. 당연합니다. 아직은 엄마와 아빠의 사랑을 받는 것에만 익숙하기 때문입니다. 이를 뭐라고 할 이유는 없습니다. 아니 이것이 오히려 아이다운 모습입니다. 다만 이제는 우리 아이들에게도 베푸는 것의 아름다움을 가르치고 싶습니다.

아이가 자신이 가진 걸 먼저 알아차렸으면 합니다. 그리고 충분히 가진 그 무엇인가를 세상에 주는 것이 가능한 힘을 지니고 있음을 아이들이 깨닫게 하는 것이죠. 부모의 도움이 필요합니다. 아래와 같이 대화하는 시간을 마련해보세요.

- -

세상을 향해 아낌없이 사랑을 표현하기

[1단계] 아이가 가진 걸 물어보기

우선 아이들에게 물어보세요. "네가 부족한 걸 말해 줄래?" 처음에는 아마 끝도 없는 부족함의 목록이 나올지도 모르겠습니다. 괜찮습니다. 끝까지 들어주세요.

[2단계] 아이가 '충분히' 가진 걸 물어보기

아이의 부족함 목록이 지칠 정도로 나올 때까지 들어주신 후에 물어보세요. "이제 네가 이미 충분히 갖고 있다고 생각하는 것을 말해 줄래?" 아이들의 표정은 변할 겁니다. 하지만 '뭐가 있을까?'라면서 고민할 겁니다. 그 무엇인가를 말할 때까지 기다려주세요. 그때 비로소 아이들은 말할 겁니다.

"서랍 속에 굴러다니는 지우개를 보니… 지우개가 충분해요."
"에코백을 많이 갖고 있어요. 하나 두 개 모으다 보니…"
"○○ 캐릭터로 만들어진 학용품이 많아요. 이제는 지겨운데."

[3단계] **아이가 '충분히' 가진 것 중에서 물질적이지 않은 걸 물어보기**

보통 아이들은 '가진 것'이라고 하면 눈에 보이는 물질적인 것만을 이야기합니다. 어렵겠지만 여기에서 한발 더 나아갈 수 있도록 부모가 도와줘야 합니다. "혹시 네가 가진 거 중에 눈에 보이지 않는, 하지만 충분히 가진 건 없을까?" 기다려줘도 좋지만, 기다린다고 해도 어려울 겁니다. 하지만 서두르지 마세요.

[4단계] **아이가 '충분히' 가진 것 중에서 물질적이지 않은 것에 대해 힌트를 주기**

여전히 잘 모르고 있는 아이의 눈을 바라보면서 기다리고 또 힌트를 주세요. 그래도 대답 못 하면 슬쩍 이야기해주면 됩니다. 이렇게요.

"너는 남보다 수학을 잘하잖아? 충분할 정도로"

"엄마, 아빠가 청소할 때 열심히 도와주고 있잖아."

"넌 웃을 때 짓는 미소가 예뻐."

[5단계] **'나눔'을 말로 표현해보기**

그렇습니다. 우리 아이들은 생각보다 많은 것을 이미 갖고 있습니다. 이제 그것들을 나눌 줄 알면 됩니다. 말로 표현하는 훈련을 하도록 격려해주세요. 이런 말이 나오면 좋겠습니다.

"지우개가 이렇게 남지만 이걸 못 쓰는 다른 나라 아이들에게 주고 싶어요."

"에코백도 어딘가에 기부할 수 있지 않을까요. 깨끗하게 세탁해서요."

"내일부터 친구 ○○에게 수학을 같이 공부하자고 해야겠어요."

"친구와 선생님에게 더 미소를 보낼래요."

〔5단계〕처럼 말하는 우리의 자녀들, 생각만 해도 너무 예쁩니다. 우리 아이들이 자신이 가진 것을 누군가에게 베푸는 것의 의미를 알아차리기를 바랍니다. 미소 하나만 보내도 베푸는 사람이 될 수 있다는 걸 알아차렸으면 좋겠습니다. 우리 부모들이 먼저 알지 않습니까. 거창한 선물이 아니라 따뜻한 말 한마디, 지지와 격려의 의사표시 하나가 최고의 선물이라는 것을 말입니다.

내가 옆으로 조금만 움직이면 다른 사람이 앉을 수 있는 자리가 생기는 거처럼 잘 웃지 못하는 누군가에게 미소로 자신의 마음을 표현하는 건 좋은 일을 넘어 위대한 일입니다. 그렇게 아이들이 자신이 가진 것을 세상에 나눠줄 수 있는, 그런 멋진 친구들이 되기를 바랍니다. 아름답기를 바라며, 선량하기를 원합니다. 나눠줄 수 있을 때 다시 받을 수 있다는 평범한 진리를 우리의 사랑하는 아이들이 알아차리고 세상에 그것을 아낌없이 표현하기를 기대합니다.

'존X'가 아닌
'존중'의 대상이 될
자녀를 기대한다면

"The image makes a person."

의역하면 "있는 그대로 보여주면 사랑해줄 사람이 없다"라는 뜻입니다. 사례를 통해 이를 생각해봅니다. 집 주변에 버스 터미널이 있는 관계로 각종 음식점이 즐비해 있습니다. 한곳에서 오랜 시간 동네 사람들에게 사랑받고 있는 수제비 전문점, 김밥 전문점 등은 물론 최근 유행하는 프랜차이즈 식당들도 쉽게 찾아볼 수 있죠.

그런데 지나다닐 때마다 봤던 음식점이 하나 있었습니다. 이쪽에서 살게 된 것도 십 년이 넘었지만 한 번도 안 간 곳이었죠. 왜 안 갔느냐고요? 그냥 느낌이 별로여서입니다. 가게 밖에서 보면 뭔가 내부가 어두침침하고, 메뉴판도 정돈되어 있지 않고, 일하시는 분들도 '프로페셔널'하게 보이지 않는, 한마디로 '맛없을 것 같이 생긴' 식당이었습니다.

신기한 건 십 년을 봐왔는데 여전히 영업 중이라는 거였습니다. 자영업을 하면 열에 아홉은 망한다는 이 시기에 도대체 장수의 비결이 뭘까, 하는 생각에 이르렀습니다. 그래서 가봤습니다. 들어가보니 역시 오래된 식당의 느낌이 물씬 들었습니다. 뭔가 어수룩하고, 깔끔하지 않으면서도 어수선한, 한마디로 '내 스타일'과는 거리가 있었죠.

그래도 왔으니 주문은 해야겠고 해서 청국장을 주문했습니다. 앉아 있는데 어떤 것도 안 주셔서 물어보니까 물은 물론이고 밥과 반찬도 모두 '셀프'랍니다. 슬쩍 감정이 상했습니다. '다시는 오나 봐라' 하고 '내 마음속 식당 점수'를 과락 근처까지 주고는 밥그릇을 들어 밥을 푸고, 반찬을 담아서 내 자리로 돌아왔습니다.

얼마 지나지 않아 아주머니께서 청국장 하나만 '달랑' 주더니 '쿨'하게 뒤돌아서더군요. 그런데 이게 웬걸, 맛있었습니다! 불편하지만 셀프로 담은 밥, 무생채, 상추, 김치 등에 고추장을 넣고 청국장에 듬뿍 적셔 비벼 먹으니 그야말로 건강해지는 맛을 넘어, '맛있는 맛' 그 자체였습니다. 입에 넣은 청국장과 밥알의 조화가 대단했습니다.

정신이 번쩍 들어 주변을 살펴보니 그때야 이 식당 내부의 체계가 그렇게 좋아 보일 수가 없었습니다. 사람도 줄을 잇더군요. 그 이후에도 몇 번이나 찾아가게 됩니다. 하지만 조금 답답했습니다. 먹는 곳만큼 겉모습이 중요한 곳이 있을까요. 밖에서 보이는 외관만 조금 정리해도, 내부의 조명만 약간 따뜻하게 고친다고 해도, 지금 손님의 몇 배는 더 올 만큼 경쟁력 있는 음식점이었는데 말이죠.

밖에서 보이는 이미지를 소홀히 하여 저와 같은 사람에게 외면받을 이유는 없는 곳이었습니다. 주방 아주머니들의 손도 빠르시지, 재료를 아끼지 않는 음식도 훌륭하지, 밥도 마음껏 먹을 수 있는 자율배식이지… 하지만 맛있다고 장사가 잘되는 건 아닙니다. 맛 하나만으로 모든 것을 평가하기에는 세상이 너무 변해버렸습니다.

사실 잘 된다는 집도 가서 보면 특별히 대단한 맛이 있는 것도 아닙니다. 과연 그 차이는 무엇에 있을까요. '이미지'가 관건입니다. 음식의 맛은 '기본'이죠. 하지만 음식의 맛 그 자체가 '전부'는 아닙니다. 음식의 맛을 넘어 분위기 등도 너무나 중요합니다. 오직 식당만일까요.

직장 생활을 나름대로 오래 했다고 생각하는 저 역시 실력과 능력 이상으로 자신의 이미지를 관리할 줄 아는 역량이 필요하다는 걸 절실하게 느낍니다. 사실 직장생활을 하다 보면 '왜 저 사람은 별거 아닌 걸 하는데 잘 풀릴까?'라고 생각하게 되는 경우가 있습니다. 가까운 곳에 있는 사람이 그의 실력과 결과물보다 더 나은 평가를 받아 앞서가는 걸 볼 때는 반감마저 들죠.

하지만 이제 저는 그러한 생각을 고이 접어둡니다. 반감 이전에 반성부터 하는 게 먼저였다는 생각을 하게 되었습니다. '이미지가 사람을 만든다'는 말에 동의하기 때문입니다. 개인적으로 꽤 오랜 시간 유지해온 직장 생활을 되돌아봤을 때 아쉬운 점은 목표를 달성하지 못했던 한두 해가 아니라, 주변 사람들에게 나의 멋진 모습을 표현하는 데 성공하지 못했다는 점입니다.

자기 이미지 관리의 기술은 한 사람의 태도와 인성을 모두 포괄하여 세상에 드러내는, 일종의 표현력입니다. 나의 실수에 대해 진심을 담아 미안하다는 말을 한 번 더 할 줄 알았다면, 누군가의 기쁨에 지나칠 정도로 감탄사를 보낼 줄 알았다면, 타인의 실수에 대해 부드럽게 격려할 수 있었다면, 아마 지금 저의 모습은 조금 더 괜찮은 사람으로 인정받고 있지 않았을까 하는 아쉬움이 듭니다.

하지만 우리 아이들이 좋은 표현을 쓰면서 이왕이면 더 멋진 아이로, 예쁘고 예절 바른 아이가 되기에는 환경이 너무나 척박

합니다. 좋은 표현을 배워도 부족할 시간에 험한 말들을 보고 그 것을 그대로 일상에서 내뱉어 버립니다. 예를 들어 볼까요. 유튜 브 등에서 '존×'라는 말은 이제 '매우'의 다른 일상어가 되어 버 렸는데 그걸 아이들이 그대로 따라 한다는 것이죠.

초중등 학생이 일상에서 '존×', 예를 들어 '존예', '존맛' 등을 남발하는 걸 보면 섬뜩합니다. 정말 예쁘다, 너무 맛있다… 이런 평범한 말로는 자신의 감정을 상대방에게 전달하는 게 어려워서 일까요. 하지만 '존×'를 입에 달고 사는 아이의 표현은 어른인 제 가 듣기에 너무나 거칠더군요. 우스개로 한 어른이 '존×'할 때의 '존'이 존중할 때의 존尊인지 물어봤다는 말이 있던데, 웃어야 할 지 울어야 할지 난감합니다.

'있는 그대로 보여주면 사랑해줄 사람이 없다'라는 말을 들었 습니다. 우리 어른들만이 아니라 우리 아이들도 자기 이미지 관리 에 인위적인 노력이 필요한 이유를 잘 설명해주는 말이라고 생각 합니다. 무조건 착하게 보이라는 말이 아닙니다. 필요할 때는 마 음속에 '구렁이 한 마리'를 품을 줄도 알아야 한다는 것이죠. 자기 이미지를 위해서 표현 하나도 신중해야 할 이유입니다.

우리 아이들은 더욱 그러합니다. 사실 저도 예전에 아이들에게 이렇게 말하곤 했던 기억이 납니다. "괜찮아. 그냥 아무렇게나 말 하고 행동해도 돼. 공부만 잘하면! 성적만 잘 올리면!" 참으로 철

부지 아빠였던 저의 모습이 지금도 너무나 부끄럽습니다. 이제 저는 저의 잘못을 조금씩 갚아나가려고 합니다.

시간이 되어 아이들과 대화를 할 수 있을 때 아이들의 말과 행동이 세상에 어떻게 드러내느냐에 따라 자신의 현재와 미래를 결정짓는지를 알려주시기 바랍니다. 우리 아이들이 이를 잘 모르고 좌충우돌하면서 시간이 흐른 후에 깨닫기보다, 그렇게 자기의 이미지를 망치고 나서 후회하기보다, 지금부터라도 자기의 이미지, 자기의 표현력에 대해 고민할 수 있도록 독려해주었으면 합니다.

초등학교 아이를 스피치 학원에 다니게 하는 부모를 종종 봅니다. 제가 볼 때는 전혀 문제없이 말만 잘하는데 부모님의 욕망(!)이 우리 아이들을 또 다른 학원으로 향하게 하는 것이죠. 뭐, 괜찮습니다. 능력만 – 부모님이 학원을 보내줄 경제적 능력 – 있다면 나쁘지 않다고 생각합니다. 뭔가 하나라도 더 배울 테니까요.

물론 '학원 하나 더?'라고 생각하는 아이의 불만 가득한 얼굴이 눈에 보이는 것 같습니다. 하지만 저 자신을 돌이켜보면 말하는 것도 훈련이기에 부족한 능력을 보충한다는 차원에서 '이런 학원도 나쁘지 않겠다'라는 생각을 합니다. 참고로 저는 목소리가 조금 약하고, 말도 빠른 편입니다. 조금만 더 힘 있게, 조금만 더 여유롭게 말할 수 있었다면 괜찮았다는 생각을 종종 합니다.

실제로 미국의 경영학자인 피터 드러커는 사람에게 가장 중요한 능력은 표현력이며, 현대 경영이나 관리는 커뮤니케이션에 의해 좌우된다고 말했답니다. 자기 생각을 올바르게 전달하는 스피치 능력이야말로 현대사회에서 가장 필요한 능력이라는 것이죠. 실제로 이제 리더 등 누군가를 이끌고 또 공적인 일을 해야만 하는 사람의 스피치는 그 사람의 역량 그 이상으로 중요합니다.

사실 아무리 높은 위치에 있어도 다양한 사람들에게 자신이 변화를 이끌고자 하는 방향으로 인도할 수 없다면 그 리더는 성공하지 못한 리더로 남을 겁니다. 반대로 자신의 좋은 계획을 사람들에게 설득력 있게 전달한다면 최고의 리더로 자리하게 될 것이고요. 그러니 결국 표현력이란 자신이 원하는 것을 성취하기 위한 가장 강력한 도구입니다. 우리 아이들이 관심을 가져야 할 이유입니다.

하지만 처음부터 말을 잘하는 사람은 없습니다. 기업을 운영하는 CEO는 물론, 영업을 천직으로 삼고 있는 이들조차도 제대로 말을 하지 못해 주위 사람들을 당황하게 하거나 때와 장소에 맞지 않는 언행으로 망신을 사기도 합니다. 그렇다고 표현력을 대단한 것으로 알고 있을 이유는 없습니다. 소통을 잘하는 사람은 흔히 알고 있는 '달변가'가 아니라 메시지가 왜곡되지 않도록 생각을 압축하여 핵심적인 내용만 간결하게 전달하는 사람이니까요.

재차 말씀드렸지만 표현력이란 일종의 기술입니다. 그러니 '나는 원래 표현할 줄 몰라'라고 좌절부터 하기보다는 상황에 따라 적절한 프로세스를 밟아가는 방법을 배우고 또 그것을 연습하면 그만입니다. 아이들도 마찬가지죠. 예를 들어 반장 선거에 나가야 하는 우리 아이가 선거에 나서는 마음가짐을 친구들에게 이야기해야 하는 것이라면 이렇게 준비하는 것도 괜찮겠습니다.

우리 아이 3분 만에 반장 되는 표현의 기술

[1] 시작

- 자기소개 (선거공약에 관련된 내용이 자기소개에 들어가야 함)

- 두괄식으로 선거공약 중 핵심 사항을 질문처럼 제시하면 좋음

  ※ 선거공약 사례 : 친구들이 어려워하는 일을 해결하겠음

[2] 내용

- 선거공약 ①

  (예) 우리는 ~하지 않았다. 그래서 나는 이렇게 하겠다.

- 선거공약 ②

  (예) 우리는 ~하지 못했다. 그래서 나는 이렇게 하겠다.

- 선거공약 ③

(예) 우리는 ~하기 싫어했다. 그래서 나는 이렇게 하겠다.

[3] 마무리

- 자신감 있는 마무리

(예) "어때요. 저를 믿고 저에게 한 표를 주세요. 자신 있습니다. 감사합니다."

- 선거공약과 관련된 멋진 문장 하나, 혹은 멋진 말 하나를 포함해도 괜찮음.

대략 이런 구성이면 괜찮을 듯합니다. 사실 반장 선거는 요란하게 할 필요가 없습니다. 특히 초등학교라면 산만한(!) 친구들의 시선만 끌어도 일단 대성공이니까요. 시간이 3분으로 엄격하게 정해져 있다면 사실 하나의 선거공약만으로 인사말, 내용, 마무리 등을 해도 괜찮습니다. 임팩트만 있으면 오히려 그게 더 나을 수도 있으니까요. 이제 우리 아이가 "누가 반장 한번 해볼래?"라는 말에 "저요!"라고 이야기만 할 수 있으면 됩니다.

참고로 부모님들께 부탁드립니다. 반장 선거에 떨어졌다고 해도 아이들을 안타깝게 보지 말아주세요. 도전, 경험, 실패 그리고 재도전… 이 과정이 몇 번 반복되면 언젠가 성공에 이를 수 있는 것이며, 그 성공은 누군가가 억지로 떠서 먹여준 성공에 비할 바 없는, 우리 아이들만의 소중한 인생 자산이 될 것이니까요.

자녀의 표현력을 위해
부모가 주의해야 할
3가지

자녀의 표현력을 고민하는 부모라면 자녀와 부모 간에 먼저 좋은 관계가 형성되어 있는지부터 살펴봐야 합니다. 먼저 두 개의 고사성어를 확인해봅니다. '반면교사反面教師', 이는 다른 사람의 부정적인 측면에서 가르침을 얻음을 이르는 말입니다. 다음으로 '타산지석他山之石', 이 말은 다른 산의 나쁜 돌이라도 자신의 산의 옥돌을 가는 데에 쓸 수 있다는 말이죠.

둘 다 다른 사람의 '부정적' 혹은 '나쁜' 측면을 자신의 성장을 위해 도움을 받자는 내용입니다. 잘못된 남의 말이나 행동도 자신의 지식과 인격을 수양하는 데에 도움이 될 수 있음을 비유적으로 말한 것이죠. '좋은 것만 따라 하기도 힘든데 안 좋은 것까지도 살펴야 하나?'라고 의문이 생길 수도 있겠습니다.

실제로 수없이 많은 자녀교육 관련 책들이 "부모는 ~를 해야 한다"를 말합니다. 표현력도 마찬가지죠. 어쩌면 지금 제가 쓴 이 책도 마찬가지 아니었나 합니다. 하지만 우리를 좀 더 조심하게 하는 건 "부모는 ~를 하면 안 된다"를 날 것 그대로를 보여주는 누군가의 경험이 아닐 수 없습니다. '좋은 부모'가 되기 이전에 '나쁜 부모'가 되지 않는 게 우선이기 때문입니다.

여기서는 자녀를 둔 부모가 반드시 고민해야 할 세 가지를 말씀드리고자 합니다. 이미 앞에서 말씀드린 것도 있지만 정리한다고 생각하시고 한번 살펴보시기를 바랍니다.

- -

자녀의 표현력을 위해 부모가 알아두어야 할 세 가지

첫째, 솔선수범하기

개인적인 얘기를 꺼내야 하겠습니다. 저는 표현이 거칩니다. 언제부터의 말버릇인지는 모르겠지만, 중학교 때 주변의 친구들로부터 받은 영향 때문 아닐까 합니다. 그때는 왜 그랬는지… '쌍욕' 섞어 말하는 걸 마치 어른이 된 것의 상징이라고 생각했습니다. 그런 바보스러움을 저는 멋짐으로 받아들인 것이죠.

성인이 되어서까지 제 말투는 잘 고쳐지지 않았습니다. 얼핏얼핏 나오는 욕설은 저를 잘 아는 친구들에게 '욕쟁이'로 불리게 될 정도였으니까요. 제 거친 말, 이젠 혐오감이 듭니다. 다행스럽게도 고치고 싶은 마음이 생겼고, 실제로 고쳐나갔고 지금은 그래도 상당 부분 고쳤습니다. 하지만 아쉽습니다. 이미 제가 하는 욕설을 아이들이 보고 느꼈을 감정들에 대해서 말입니다.

특히 제가 아이들에게 잘못했던 건 아이들의 욕설에 대해서는 나쁜 짓이라고 비난하면서 정작 저 자신이 욕을 하는 건 대수롭지 않게 여겼던 점입니다. 부모라면 자기의 말을 통제할 수 있어야 합니다. 부모의 표현이 아름답지 못한데 아이의 입에서 나오는 언어가 아름다울 것이라고 기대한다면 그것이야말로 도둑놈 심보 아닌가요.

둘째. 지나친 자녀 통제 욕망을 내려놓기

자녀에게 "커서 뭐가 되고 싶어?"라고 물어본 적이 있는지요. 만약 아이가 "게이머요!"라고 답변을 했다면 당신은 뭐라고 답하겠습니까. 저는 이랬습니다. "그게 아무나 하는 게 아니야. 젊었을 때야 모르지. 나이 들어서도 계속 게임 할 수 있을 것 같아? 나중에 노숙자처럼 살고 싶어?" 혹시 아이들의 꿈에 대해 진지하고 성실하게 이야기를 나누기보다 아이가 꾸고 있는 꿈의 쓸모없음을 입증하는 데 열을 올리고 있지는 않았나요.

부모의 욕망을 내세워 자기 마음에 들지 않는 어떤 일을 자녀가 하기 시작하면 그 일이 실패할 것이라고 겁을 주는 것, 폭력과 다름없습니다. 아이들에게 부모의 의견 자체는 지극히 절대적입니다. 당장은 실패가 눈앞에 보이지 않을지라도 필연적으로 실패를 예상하게 됩니다. 그러니 그 과정에서 아이들은 마음의 문만이 아니라 자기의 꿈을 좌절하게 한 부모와의 소통, 즉 표현력을 잃을지도 모릅니다.

당신의 어릴 적 꿈은 무엇이었나요. 꿈이 자기의 세계를 짓밟아서도 안 되지만 꿈은 결국 자기 안에서 실현될 수 있는 어떤 것입니다. 그 꿈은 사람에 따라, 나이에 따라, 위치에 따라, 주변 환경에 따라 모두 다르고 또 변화합니다. 변하는 꿈을 함께 인정해주지는 못할망정 무작정 아이들의 꿈을 좌절시킬 권리가 부모에게 과연 있는 걸까요. 아닐 겁니다. 자신의 마음에 들지 않는다고 아이의 꿈을 우습게 여기는 것, 우리 부모가 절대 조심해야 할 태도입니다.

셋째, 논리를 생각하기

원인이 있으면 결과가 있는데 이를 '일관성'이라고도 할 수 있겠습니다. 세상에서 가장 힘든 일이 '아무 이유 없이', '아무런 대비도 없는 상황에서' 스트레스를 받을 만한 일이 벌어지는 경우라고 합니다. 그런데 우리는 각자의 자녀들에게 '아무런 이유 없는' 바로 그 상황을 시시때때로 만들어서 건네줍니다.

그리고 그에 대한 스트레스를 스스로 견디게 만들고 또 그것을 버티지 못하면 약하다는 말로 벌을 주곤 하죠. 특히 부모가 자신의 자녀들에게 분노를 표현하는 장면에서 빈번하게 발생합니다. 자기의 부모로부터 이유도 없고, 논리도 없고, 일관성도 없으며, 어처구니없는 일들을 수없이 겪게 되는 아이들이 과연 세상을 향해 당당하게 자기 의견과 생각을 표현할 수 있을까요.

- -

세상은 조금씩이라도 좋아져야 합니다. 지금 우리가 사는 세상이 좋아졌으면 좋겠고, 아이들이 살게 될 세상은 더더욱 아름다워지기를 바랍니다. 하지만 오직 바람만 있을 뿐 나의 실행이 없다면 그것만큼 이기적인 일이 또 있을까요. 우리 부모들부터 자기자신을 잘 바라보는 연습부터 해야 합니다. 그리고 아이의 표현을 유심히 관찰해야 합니다.

시간이 갈수록 자기 자신을 똑바로 들여다보는 사람이 우리 부모이기를 바랍니다. 자기 자신에 대해서조차 '나는 내가 어떤 사람인지 몰라'라고 생각하면서 자신을 속이고 싶지 않았으면 합니다. 부모의 거울이 아이가 되듯, 아이의 거울은 부모가 됩니다. 늘자녀의 표현 속에서 자기 자신을 돌아보는 부모가 되어야 할 이유입니다.

저는 제 아이들이 자기 자신을 외면하지 않기를 원합니다. 세상의 무의미한 것들에 휘둘리는 게 아니라 자기 자신을 똑바로 들여다보면서 세상에 나갈 준비를 할 수 있기를 바랍니다. 표현하는 것도 중요하지만 그보다는 하루 한 번 거울을 통해 자신의 얼굴을 차분하게, 그리고 감사하게 들여다보는 제 아이가 되길 바랍니다. 그 후 비로소 자기 생각과 감정을 차분하게 표현할 줄 알았으면 합니다. 아이를 둔 부모로서의 작지만, 큰 소망입니다.

부모의 표현력이
곧
자녀의 표현력입니다

마음에 들지 않는 직장 상사가 저 멀리 끝에서 이쪽을 향해 다가오고 있습니다. 다행히 아직 그가 제가 있음을 알아차린 건 아닌 것 같네요. 이때 저의 행동은? 솔직히 말해야겠죠? 어디론가 피해버릴 겁니다. 옆 건물로 숨던지, 화장실을 찾던지, 아니면 가까운 편의점으로라도. 그런데 그거 아십니까? 혹시 자녀가 자기 부모를 향해 일종의 '만나고 싶지 않은 상사'로 여긴다면?

언젠가 성인이 되어 자기의 어린 시절을 회고한 사람의 이야기를 듣게 되었습니다. 부모님 중에서도 특히 그의 아버지에 대한 기억은 두려움, 불쾌감, 짜증스러움을 더해 지독한 괴로움의 대상이었습니다. 결국 자신이 어느 순간부터 아버지를 떠올리게 만드는 모든 것으로부터의 도피를 하고 있었다고 하더군요.

참고로 그의 아버지는 작은 구멍가게를 하셨답니다. 하지만 그는 이곳을 처음부터 회피의 장소로 생각했던 건 아니었습니다. 오히려 어렸을 적 어느 순간까지는 '놀이터' 혹은 '쉼터'였죠. 가게에 불이 켜지고 사람들로 활기가 넘치는 아버지의 가게를 좋아했던 겁니다. 어리긴 했으나 아버지를 도울 무엇인가를 상상하며 가게에 가기를 즐겨 했었다고 하는군요.

하지만 어느 순간부터 그는 가게에서 벌어지는 모습들을 보면서 불편해하기 시작했습니다. 아직 도덕적으로 순결한 영혼을 가졌던 어린 그는 아버지가 가게의 종업원을 대하는 태도를 보면서 부조리를 느끼기 시작했다고 합니다.

"아버지는 왕과 같은 난폭한 행동을 보이셨어요. 다른 물건들과 뒤섞이지 않도록 골라내 카운터에 올려두었던 물건들을 단번에 쳐서 떨어뜨렸고 이를 점원들이 다시 집어 올려놓아야 했지요. 그뿐인가요. 다리가 아픈 어떤 점원에게는 '저 병 걸린 녀석은 왜 안 돼지는 거야. 개자식 같으니'라고 욕했답니다."

지금으로서는 상상도 하지 못할 광경이지만 그때는 그랬나 봅니다. 또 다른 이야기가 있습니다. 그의 아버지가 종업원들을 지칭할 때는 늘 '돈 받아먹는 원수들'이라고 불렀다나요. 하지만 그분이 생각하기 훨씬 전부터 그의 아버지는 '돈을 주는 원수'였다고 생각한다고 했습니다.

그는 아버지가 가게의 종업원들을 하대하는 태도를 보면서 마치 자신이 저지른 죄인 것처럼 안타까워했습니다. 더 나아가 아버지라는 절대적 권력의 소유자가 힘없고 약한 누군가에게 거리낌 없이 부당한 행동을 함을 보면서 혼란스러움을 느꼈죠. 남인데도 오직 돈 때문에 그와 그의 아버지를 위해 일하는 그 가게의 점원들에게 연민을 일으키기 시작했습니다. 이 모든 것들이 축적되면서 그는 결국 아버지 그리고 아버지가 있는 그 공간 자체를 회피하기 시작했던 것이죠.

물론 그는 대단한 사람이었습니다. 그러니 그 어린 시절 아버지의 거친 표현을 보고서도 자기 나름의 성찰을 통해 지금은 그 어느 사람보다 진중하고 또 편안한 말하기를 하는 분이 되셨으니까요. 하지만 그분의 마음속에 남은 상처, 그리고 아버지를 대신해서 느끼는 미안한 마음은 여전히 상처로 남아 있을 수밖에 없었습니다.

부모의 표현력이 곧 자녀의 표현력이 됩니다. 아이의 표현력을 탓하기 전에 부모 자신부터 표현력을 살펴야 합니다. 저부터 반성합니다. 몇 년 전 당시 중2인 첫째가 언제부터인가 비속어를 쓰기 시작했습니다. 전 생각했죠. '친구를 잘못 사귀었나?' 혼을 냈습니다. "어떻게 그런 말을 쓰니. 친구의 행동에 '×소리'라니!"

하지만 곧 저는 알아차렸습니다. 저의 입에서 나오는 말들이 중2 아이의 그것보다 거칠고 저질스러움을. 이런 경우가 그러합니다. 차를 운전하다가 슬쩍 끼어드는 차를 악착같이 밀어내면서 "나쁜 놈의 ××, 어딜 들어와? 저 봐, 질서를 지키지 않는 놈들 '꼬라지'를 말이야"라고 말하는 것.

뒷자리에 앉아 저의 거친 말을 듣고 있어야만 했던 아이들에게 도대체 무슨 짓을 한 걸까요. 아이들에게 더 문제였던 사람은 누구였을까요. 슬쩍 끼어들어 운전한 그 사람이었을까요, 아니면 험한 표현을 하며 흥분을 절제할 줄 모르는 아빠였을까요. 지금은 너무나 그 순간이 후회됩니다. 부모를 심판하는 사람은 가장 가까운 데에 있는 자녀라는 것을 몰랐던 제 모습이 말입니다.

부모들은 보통 아이의 표현을 두고 탓하기를 쉽게 합니다. 하지만 잘 살펴봐야 합니다. 과연 아이를 탓해야 하는지, 아니면 아이에게 잘못된 표현을 직접, 간접으로 알려준 부모 자신을 탓해야 하는지 말입니다. 부모가 잘했는지, 잘못했는지에 대한 심판관은 하느님, 예수님, 부처님이 아닙니다. 부모를 가장 가까운 거리에서 지켜보고 있는 아이들입니다. 부모의 표현 하나도 섣불리 해서는 안 되는 이유입니다.

자녀의 표현력이 세련되고 또 아름답길 바라십니까? 그렇다면 부모 먼저 입을 열기 전에 사랑하는 아이들이 어느 곳에서, 어떻게, 나를 바라보고 있는지 꼭 확인하시길 바랍니다.

그 어떤 상황에서도
자기 자신만큼은
지켜내는 표현력

어렸을 때 들은 말은 참 오래가는 것 같습니다. 내용이 무엇이었든지 간에 말이죠. 아쉽게도 좋은 말보다는 불편했던 말이 더 기억에 남습니다. "너를 믿는다", "착하다", "자랑스럽다" 등의 말을 듣기도 했지만 지금 더 마음에 남아 있는 건 다소 부정적으로 느껴진 이런 말들이니까요.

"너는 왜 이렇게 얌전하니?"
"너는 너무 조용하게 있는 거 같아."
"남자애가 계집아이처럼 부끄러워하니?"

누군가는 "뭐 이 정도의 말은 들을 수 있지?"라고 말씀하시겠지만, 글쎄요, 저에겐 마음의 부담으로 남아 있었던 것이 사실입니다. 거기에 듣게 된 내용조차 그리 유쾌하지 않은 것이어서 제가 일정 기간 세상에 대해 자신감을 잃게 된 이유가 되기도 했습니다. 누군가에게 들은 말로부터 생긴 자기 부정이라고 할까요.

그때 저는 나 자신을 사랑해야 했습니다. 알고 보면 세상에 둘도 없는 멋진 나만의 특징들, 세심하고 모범적이며 조심하는 저를 더 위했어야 했던 거죠. 세상이 나를 어떻게 평가하든지 상관하지 않고 말이죠. 안타깝게도 저는 세상이 저를 바라보는 평가에 위축되어 오히려 저를 감췄습니다. '내가 아닌 또 다른 나'로 살기로 한 거죠.

조용하고 섬세한 제 성격과는 달리 거칠며 큰 목소리를 내고 가끔 세상을 향해 이유도 없이 소리를 쳐대는 가면을 스스로 썼습니다. 노력하지 말아야 할 일에 힘을 쓰는 무지함, 그게 저의 성장기를 지배했던 것이죠. '나 그 자체로 얼마든지 멋지고 아름다움'을 알았어야 했는데… 이제 저는 압니다. 저를 부정하는 그 누군가의 말에도 함부로 타협해선 안 된다고.

저는 제 자녀들이 저의 어리석었던 '가면 놀이'를 따라서 하지 않았으면 합니다. 특히 아이들이 자신을 향해 부정하는 그 누구의 말과 행동에 대해서라도 저항하기를 기대합니다. 그게 설령 부모인 제 말과 행동에 대해서라도 말이죠. 자신을 부정하는 말을 하는 부모, 자기를 부정하는 세상의 그 누군가 앞에서라도 우리 아이들은 당당해야 하기 때문입니다.

설령 자신에 대한 세상의 부정이 바로 자기 자신의 행한 일 때문에 발생한 것이라고 할지라도 자신의 근본적 가치를 훼손할 이유가 되는 건 아닙니다. 그러니 아이들이 자신을 부정하는 말을 하는 누군가를 만나면 그냥 피하고 있지만 않았으면 합니다. 거부를 표현하고 싸우기를 바랍니다. 그게 진정으로 아이들 자신을 사랑하는 것이기 때문입니다.

우리 아이들도 그들 자신을 부정하는 세상 모든 것에 대해 싸울 수 있도록 부모가 격려해야 합니다. 그건 자기 자신을 사랑하는 법이고 또 자존감을 높이는 방법이기도 합니다. 저는 이것이 자기 자신을 사랑하려는 사람에게 주어진 의무라고 봅니다. 자기 자신에 대한 사랑을 지키기 위해 자기를 방어하는 건 세상 그 무엇과도 바꿀 수 없는 권리이기도 하고요.

이건 한 사람의 취향을 우습게 여기는 사람들에 대해서도 마찬가지입니다. 예를 들어볼까요. 제가 누군가를 저녁 식사에 초대합니다. 식사는 제가 좋아하던 한 식당으로 했다고 해보죠. 그리고 만납니다. 만나는 상대방을 향해 "마음에 들었으면 좋겠습니다. 이 레스토랑, 제가 개인적으로 좋아하는 곳이에요. 저희 어머니도 좋아하시고요."

이때 만약 상대방이 "아, 여기요… 분위기가 따분하네요. 지루한 시골 마을에 온 기분이에요"라고 말했다고 했다면? 물론 아무것도 아닐 수 있습니다. 하지만 나름대로 신경을 써서 제가 사랑하는 공간이라고까지 말했는데 그것에 대해 특별한 이유도 없이 부정하는 사람의 말에 상처를 받지 않는 게 더 힘들 겁니다.

우리 아이들도 마찬가지입니다. 자녀가 엄마가 챙겨준 맛있는 간식을 점심 식사 후에 먹고 있다고 해보죠. 이때 다른 친구가 다가오기에 "이 간식, 엄마가 해준 건데, 내가 좋아하는 음식들이야"라고 말을 했더니 상대방이 "응? 뭐야, 이거. 맛도 없어 보이는데? 그걸 먹느니 그냥 싸구려 불량식품을 먹겠다"라고 말했다면? 우리 아이들이 어떻게 대답하기를 바라시나요?

저는 이러한 때에, 즉 자기 자신이 그 어떤 것으로든 부당하게 위협당하는 순간에 그것에 대항하여 이기겠다는 각오로 싸우는 부모 그리고 자녀가 되었으면 하는 바람입니다. 이유도 명확하지 않은 일종의 '디스'를 그저 웃으면서 넘길 이유는 없기 때문입니다. 이왕이면 이렇게 자신을 지키는 표현에 거침이 없었으면 합니다.

"제가 편안하게 생각하고 또 좋은 마음으로 초대한 장소인데 그렇게 함부로 만들다니, 그건 예의에 어긋난 태도 아닌가요. 저는 위협을 당한다 싶으면 이기겠다는 각오로 싸우는 사람입니다. 말씀 조심해주세요."

"이건 엄마가 해주신 간식이야. 네가 볼 때는 그저 그런 음식일수 있겠지만 나에게는 너무나 소중하고 맛도 있으며, 영양까지 풍부한 간식이야. 함부로 말하는 거, 조심해주면 좋겠어."

관계가 끝나면 어떻게 하냐고요? 아무리 인생이 관계라고 하지만 가끔은 그 관계로부터 당당하게 거절을 선언할 때도 있는 법입니다. 자기 자신의 인간적 가치를 무시당하면서까지 누군가의 '갑질'에 희생당할 이유는 없기 때문이죠. 자기를 지키는 일은 그 지키는 방식이 불법이나 부당한 것이 아니라면 무조건 '선善'이니까요.

자기 자신을 충분히 사랑할 줄 아는 사람은 언제나 자기방어에 대한 준비가 되어 있어야 합니다. 미래의 평화와 행복을 위해 '지금, 그리고 여기'에서의 그것들을 무시하고 있어서는 안 됩니다. 자신의 가치가 훼손당하는 순간에 그냥 가만있지 말아야 합니다. 자신을 보호하는 건 최종적으로 자신뿐입니다. 우리 아이들도 마찬가지죠.

자녀가 세상의 합리적이지 않은 지적에 대해서 당당하게 표현하길 바랍니다. 자신의 존재를 그대로 인정해주지 않는 사람과 투쟁할 수 있는 당당함이 있기를 원합니다. 필요하면 다소 과격한 행동을 하더라도 말이죠. 물론 그렇다고 해서 폭력사건 등을 저지르라는 말은 절대 아닙니다. 다만 언제든지 자기방어를 할 수 있을 만큼은 준비가 되어 있어야 한다고 생각합니다.

정당하게 생활하는 자신을 방어하는 건 세상 그 누구보다도 소중한 나를 사랑하는 일 중에서도 첫 번째의 일입니다. 그러니 그것을 세상으로 표현하려는 의지 그리고 행동은 그 무엇보다도 중요합니다. 아이들이 자기 스스로 사랑하는 걸 멈춘다면 그 어떤 세상이 우리 자녀를 향해 사랑하기를 시도하겠습니까. 아이들이 자신을 사랑하고, 자신을 방어하는 표현에 거침이 없기를 기대합니다.

내 아이에게
가르쳐주는
위기 탈출 표현법

대화에 있어 반드시 버려야 할 태도가 있습니다. '나는 원래 이렇게 말하는 사람이야'라는 고집스러운 생각이 그것입니다. 우리 부모들은 이미 사회생활을 하면서 잘 알 겁니다. 직장에서 보고 등 공적인 커뮤니케이션은 자기 스타일대로 하는 게 아니라 직장 스타일, 상대방 스타일에 맞추는 게 정상이라는 걸 말이죠.

일단 우리 부모들이 일터에서 잘 말하는 방법 하나만 말씀드려볼까 합니다. '대화하면 언제나 기분 좋은 사람'으로 기억되게 만드는 비법 말입니다. 세 가지만 기억하시면 됩니다.

첫째, 상대방에게 적절한 선택권을 부여할 것.

상대방에게 선택권을 부여하는 것은 꽤 괜찮은 표현법입니다.

"방법 A와 방법 B가 안정적이면서도 효율적인 도구라고 분석했습니다. 어떻게 진행할까요?" 양자택일이라서 선택을 강요하는 느낌이 들 수도 있다면 선택지를 늘려보는 것도 괜찮겠죠? "A, B, C 등 세 가지 대안이 있습니다. 의견 부탁드립니다."

아이들도 부모를 향해, 친구를 향해 이렇게 말할 수 있으면 좋겠습니다. "엄마, 학원에서 보는 테스트 끝나고 성적 좋으면 선물 하나 사주면 어때요? 95점 이상이면 티셔츠, 90점 이상이면 친구랑 치킨 먹기, 85점 이상이면…" 영악(?)하기는 하지만 그리 기분 나쁜 제안은 아니죠?

둘째, 긍정적인 방향을 제시할 것.

"이렇게 하면 안 됩니다", "이 상황이라면 문제가 있습니다" 그리고 끝이라면? 아마 질책을 듣게 될 겁니다. 우리의 입에서 나오는 모든 표현은 결국 해결책을 찾기 위한 경우가 대부분입니다. 해결책을 제시하기는커녕 '불가능'을 선언하는 말? 소극적이면서도 한편으로는 건방진 표현이 됩니다. 그러니 "이렇게 하면 가능하다고 봅니다"라는 말이 우리의 입에서 떠나지 말아야 합니다.

이건 우리 부모들도 자녀를 향해 사용할 가치가 있는 표현의 태도입니다. 중요한 전화를 하고 있는데 시끄럽게 떠드는 아이를 향해 "떠들지 마!"보다는 "조용히 해줄 수 있지?"가 훨씬 더 편안한 분위기를 유도할 수 있게 되니까요. 마찬가지죠. 혼자 있는 아이가 자신의 방문을 노크도 없이 열고 들어오려는 엄마에게 "짜증 나니까 함부로 들어오지 마!"라고 하는 것보다 "들어올 때는 노크하고 들어와 줄 수 있지?"라고 응용할 수 있겠습니다.

셋째, "그렇군요!"를 아끼지 말 것.

대화란 나와 다른 누군가와 해야 하는 일입니다. 이때 자기 생각이 상대방의 마음에 그대로 박히기(!)를 기대하는 건 일종의 과대망상입니다. 그러니 자기 말에 대해 상대로부터 부정적 반응이 오는 건 당연하다는 걸 기본으로 알아야 합니다. 사실 한 사람의 표현력 역량은 이러한 때 어떻게 대응할 것인가가 우리의 그 수준을 결정합니다.

"그게 아니고요", "잘못 생각하신 것 같은데…", "그렇지만" 등의 말, 우리 부모들이 흔히 직장에서 그리고 일터에서 쓰는 말일 겁니다. 하지만 부정의 말은 상대방에게 방어 자세를 취하게 만듭니다. 그러니 이렇게 말할 수 있어야 합니다. "그 말씀을 들으니 좋은 생각이 떠올랐습니다", "조직 관점에서 보면 그럴 수도 있다는 것을 제가 미처 생각하지 못했습니다."

상대방의 입가에 미소(?)가 생기는 걸 보고 나서야 비로소 하고 싶은 말을 해도 절대 늦지 않죠. 이렇게 말이죠. "그런데 말입니다. 이런 의견도 가능할 거 같습니다." 어떤가요. 조금은 대화가 편안해지지 않겠습니까? 우리 자녀들도 이런 표현쯤은 응용해서 사용할 수 있기를 바랍니다. 별게 아닙니다. 만약 잘못해서 부모님에게 혼나는 중인 자녀가 있다고 해볼까요. 이때 다음의 한마디를 한다면?

"아빠, 생각해보니 그러네요."
"그렇구나. 엄마 말이 맞아요."

위기의 순간, 엄마, 아빠를 머쓱하게 하는, 세상 편한 표현의 기술 아닐까요. 최소한 대화로 인해 마음 상할 일은 반, 아니 반에서도 또 반으로 줄어들 수 있는 마법의 말이라는 것, 우리 아이들도 배웠으면 합니다.

초등 표현력 수업

초판 1쇄 2022년 7월 28일

지은이 김범준
펴낸이 서정희
펴낸곳 매경출판㈜
책임편집 서정욱
마케팅 김익겸 한동우 장하라
디자인 김보현 김신아

매경출판㈜
등록 2003년 4월 24일(No. 2-3759)
주소 (04557) 서울시 중구 충무로 2(필동1가) 매일경제 별관 2층 매경출판㈜
홈페이지 www.mkbook.co.kr
전화 02)2000-2630(기획편집) 02)2000-2636(마케팅) 02)2000-2606(구입 문의)
팩스 02)2000-2609 **이메일** publish@mk.co.kr
인쇄·제본 ㈜M-print 031)8071-0961
ISBN 979-11-6484-447-0(03370)